라파엘로 산치오, 〈정의의 여신, 유스티티아〉(1520)

콘스탄티누스의 방(Sala di Constantino) 프레스코화, 바티칸 사도궁 소장.

토머스 홉스(Thomas Hobbes), 《리바이어던 *Leviathan*》(1651)
홉스는 사회계약론을 주장한 최초의 근대 철학자이다. 그러나 롤스는 홉스의
《리바이어던》에 대해 "위대한 것이긴 하나 몇 가지 특수한 문제점을 안고 있다"
라면서 로크, 루소, 칸트로 이어지는 사회계약론을 고도로 추상화함으로써
일반화된 정의관을 제시하는 것이 《정의론》의 목적임을 분명히 한다.
그가 염두에 둔 '일반화된 정의관'은 '정의의 제2원칙: 차등의 원칙'에서 드러난다.

존 롤스(John Rawls, 1921~2002)

1971년 《정의론》이 출간된 후 "세계 대전 이후 도덕 철학에 있어서 가장
중요하고 의미 있는 기여" "정치 이론에 있어서 비교할 자가 없는 공헌"이라는
찬사가 쏟아졌다. 《타임》은 20세기 최고의 책 100선에 《정의론》을 포함시켰다.

《정의론 *A Theory of Justice*》초판본 표지
하버드 대학교 출판부 밸크넵 출판사, 1971년.

로버트 노직(Robert Nozick, 1938~2002)

최소국가론을 주장한 미국의 철학자. 자유지상주의자였던 노직은
《무정부, 국가, 유토피아》에서 롤스의 《정의론》을 비판했다. 하버드 대학교
동료 교수였던 두 사람의 논쟁은 '세기의 대격돌'로 불릴 만큼 화제를 모았다.

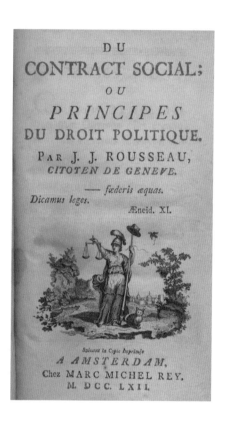

장 자크 루소(Jean-Jacques Rousseau),

《사회계약론 *On the Social Contract; or, Principles of Political Rights***》**(1762)

루소는 "우리 각자는 그 인격과 권력을 일반 의지(general will)의 최고 지배 아래 두어야 한다"라고 천명했다. "일반 의지는 항상 올바르고, 공동의 이익을 목표로" 하며, 이런 일반 의지에 복종하는 것이 사회계약론의 요체이다.

월터 세이무어 올워드(Walter Seymour Allward), 〈정의의 여신상〉(2010)
캐나다 연방법원, 캐나다 오타와.

일반적으로 정의의 여신은 눈을 가린 채 두 손에 각각 칼과 저울을 들고 있다.
그러나 이 여신상은 전신에 무지의 베일(veil of ignorance)을 두르고 있다.
롤스는 출신 배경, 가족 관계, 사회적 지위, 재산 상태 등 자신의 위치나 입장을
전혀 모르는 상태를 가정하기 위한 개념적 장치로서 무지의 베일을 설명했다.

세월호 침몰 사고를 추모하는 노란 리본

"정의론은 기필코 실천을 향한 덕윤리(德倫理)에 의해 보완되어야 한다.
설사 정의가 무엇인지 이해하고 안다고 해도 그것이 내면화되고 체화되어
실천되지 않는다면 아무런 소용이 없다. 배운 것을 일상에서 익히고 습관화하지
않는다면 결코 실행의 동력을 얻을 수 없다. (⋯) 그래서 우리는 모두가 세월호 선
장과 똑같은 도덕적 실패를 매일같이 되풀이하고 있는 것일지도 모른다."(본문에서)

존 롤스 정의론

LEADER'S CLASSICS

존 롤스 정의론

공정한 세상을 만드는 원칙

황경식 지음

 쌤앤
파커스

인용 문헌

《정의론》: 존 롤스, 황경식 옮김, 이학사, 2003.

머리말

《정의론》*A Theory of Justice, 1971*은 하버드 대학교 철학과 존 롤스^{John Rawls, 1921~2002} 교수의 탁월한 역작이다. 오늘날 '정의'를 거론하고자 하는 사람이라면 반드시 롤스의 《정의론》을 우선 짚고 넘어가야 한다.

정의란 무엇인가? 그 대답은 쉽다면 아주 쉽고 어렵다면 너무 어렵다. 삼척동자도 정의가 무엇이고 불의가 무엇인지 알 만하니 정의가 무엇인지는 아주 쉬운 물음이고 대답도 간단할 것 같다. 그러나 다시 정의가 무엇인지 따져물으면 대답하기가 어려워 학자들 간에도 의견이 분분해진다. 수년 전 마이클 샌델이 《정의란 무엇인가》라는 책으로 장안의 지가를 올리긴 했으나 아직도 정의가 무엇인지 물으면 대답하기가 막연하다. 사실상 국민 대다수가 대한민국에 정의가 부재하다고 생각하며, 정의를 절실하게 갈구하는 현실을 보면 정의가 무엇인지 몰라 그렇다기보다는 아는 것, 딱 그만큼도 실행하지 못하기 때문일 수 있다. 그러므로 실행하기 어려운 바로 그 정의가 무엇인지는 여전히 오리무중인 셈이다.

그래서 우리는 존 롤스에게 다그쳐 "도대체 정의란 무엇인가?"라고 다시 한 번 물어보고자 한다. 그의 대답을 쉽고도 짧게 그리고 누구나 상식적으로 이해할 수 있도록 약간의 재미까지 더해서 이야기해줄 수는 없을까? 이 질문에 답하기 위해 이 책을 쓰게 되었지만, 정말로 과연 그런 책이 될지는 독자들의 판단에 맡길 수밖에 없을 것이다.

*

정의와 관련된 이야기에 귀 기울이려면 우선 우리의 일상과는 다소 다른 마음가짐이 필요하다. 우리의 일상이 그러하듯 자본주의에 찌들어 돈이 전부인 줄 알고 돈맛에만 혈안이 되어 있다면 '정의' 같은 이야기는 쇠귀에 경 읽기가 될 것이다. 또한 자신의 이득에만 눈이 멀어 경쟁을 넘어 투쟁으로 날을 지새우는 경우에도 정의는 먼 나라 남의 이야기가 되고 말 것이다.

돈맛에 혈안이 되거나 자기 이득에만 눈이 어두운 오늘날의 행태는 사회진화론Social Darwinism, 또는 사회적 다윈주의으로 쉽게 설명될 것이다. 그야말로 생존경쟁과 적자생존의 원리로 모든 게 설명되는 셈이다. 그럼에도 정의에 관심을 갖고 《정의론》에 귀를 기울이고자 한다면 사회진화론과는 다른 발상의 전환, 태도의 변화가 요구되는 건 아닐까. 주파수가 맞아야 알아듣기가 쉽고 들어도 쉽사리 이해될 것이기 때문이다.

사회진화론만큼 친숙하지는 않지만 그와 대립되는 입장으로 사회연대주의Social Solidarism라는 것이 있다. 우리는 서로 외따로 떨어져 경쟁과 투쟁을 일삼기도 하지만 서로 얽히고설키는 가운데 신세를 지고 은혜를 베풀기도 하는, 그야말로 연대의 그물망network 속에서 살아간다. 그러나 이처럼 얽히고설키면서도 우리가 서로 얼마나 촘촘하게 엮여 있는지 모른 채 생을 마감하기 일쑤다.

우리는 먼저 간 조상들과 억겁의 인연을 맺을 뿐 아니라 동시대인들과도 깊은 인연으로 엮이면서 이 모든 살림살이의 결과를 후손들에게 물려주어야 할 거대한 관계를 맺고 있다. 이런 연대주의적 관점을 가져야 비로소 정의가 무엇이고 왜 중요하며 어떻게 가능한지를 이해할 수 있다. 그래서 롤스의 《정의론》을 제대로 알기 위해서는 다소 긴 워밍업, 코드 맞추기, 예행연습이 필요하다.

*

　롤스의 《정의론》은 초심자들에게 다소 난해한 편이다. 필자 또한 《정의론》을 공부하고 번역하느라 수십 년간 공을 들였지만 아직도 어떤 대목에서는 이해하기가 어렵다. 사실 미국에서도 이 책은 권태로운 것으로 소문이 나 있다. 분량이 방대해서 그런 것만은 아닐 터이다.

　《정의론》에 접근하는 한 가지 쉬운 방법은 상식에 호소하는 직관적 이해방식이다. 롤스 자신도 곳곳에서 정의에 대한 그의 상식에 가까운 직관(숙고 판단)을 활용하고 있는 듯하다. 우선 이 방법은 정의론을 일반인에게 이해시키기 쉽다는 특징이 있다. 우리는 1장에서 이 방법을 시도해보고자 한다.

　또 하나의 다른 이해 방식은 좀 더 체계적이고 이론적인 방식으로서 논증적 접근 방식이라 할 수 있다. 직관적 접근 방식에서 제시된 많은 직관들을 상호 연결해 하나의 논증을 구성하고 이들 논증을 서로 연결하여 전체 체계와 이론을 구성하는 방식을 시도하는 것이 두 번째 방식인데, 우리는 2장과 3장에서 이를 살펴보고자 한다. 이 두 가지 접근 방식은 롤스의 《정의론》을 이해하는 데 결국 상호보완 관계에 있다. 나아가 4장은 《정의론》에 함축된 의미에 대한 보충 논의와 해명을 통해서 좀 더 충실한 이해를 돕고자 한다. 롤스의 정의론을 한마디로 요약하면 '자유주의적 평등'의 이념이라 할 수 있을 것이다. 하지만 이 같은 이념도 해결해야 할 과제들이 적지 않다. 이와 관련된 갖가지 과제들 중 몇 가지 주제에 대한 논의도 추가로 이어갈 것이다.

마지막 5장에서 우리는 《정의론》이 결국 실행되고 실천되며 실현되어야 의미를 가질 수 있음을 주목하게 될 것이다. 이론이 아무리 우아하고 정연하다 할지라도 그것이 현실에서 실현되지 않으면 아무런 소용이 없다. 철학 중에서 윤리학은 흔히 실천철학이라 불린다. 그중에서도 불의와 부정의로부터 현실을 구제하고자 하는 정의에 관한 논의는 현실적 구현이 더욱 절실한 분야이며, 이런 의미에서 다수의 시민에게 가장 큰 관심사라 할 만하다.

정의도 다른 규범과 마찬가지로 의식 개조를 통해서, 다른 한편으로는 제도나 구조 개혁을 통해서 현실에 구현될 것이다. 물론 의식 개조와 구조 개혁은 상호 보완 관계에 있으므로 두 가지가 함께 달성될 때 시너지 효과를 낼 수 있음은 두말할 여지가 없다. 우리는 이와 같은 정의의 현실적 구현에 관한 문제로 이 책을 마무리하게 될 것이다. 《정의론》의 실천 문제에 덧붙여 그간 롤스의 《정의론》에 대한 각계의 반향을 살펴본 후 이에 대한 롤스 자신의 응수이자 후속 저서라 할 수 있는 《정치적 자유주의》와 《만민법》도 간단히 일별함으로써 롤스 정의론의 폭넓은 이해를 위한 도움이 되고자 한다.

*

우리나라와 같이 자유민주주의 국가이자 다원주의를 따르는 사회에서는 개인의 자유를 과도하게 규제하는 도덕 체계를 내세우기보다는 개개인의 가치관을 자유롭게 추구하면서도 타인의 기본적인 자유와 권리를 존중하는 공정하고 정의로운 공동체를 세우는 일이 핵심 과제가 된다. 즉, 롤스가 《정의론》에서 주장한 바와 같이 '최소 수혜자 the least advantaged'를 우선 배려한다는 전제 아래 정의의 구체적 내용은 시민 간의 자유로운 논의를 통한 중첩적 합의의 결과로서 도출되어야 한다.

지금 우리 사회는 다양한 사회적 갈등으로 고통 받고 있다. 계층 갈등은 물론이고 세대 갈등 또한 심각하다. 이 같은 다양한 갈등을 조정할 기본 잣대는 역시 사회 정의의 원칙이 아닐까. 나아가 앞으로 우리가 언젠가 맞이하게 될 통일 한국의 사회적 균형을 위해서도 정의의 문제는 피해 갈 수 없을 것이다. 그야말로 정의는 우리 시대가 고심해야 할 화두이자 시대정신이라 할 만하다.

그런 의미에서 이 책이 우리 사회를 이끌어가는 오피니언 리더들이 《정의론》에 담긴 롤스의 참뜻을 이해하고, 더 나아가 《정의론》에 더 가깝게 다가가기 위한 마중물로서 널리 읽히기를 바란다.

차례

1장   왜 '정의'를 논해야 하는가?

우리는 사회에 빚지고 있다

근대 이후 시민 사회를 지배했던 학문은 생물학이라 해도 과언이 아니다. 19세기 후반 다윈의 진화론이 사회 전반을 풍미했다. 이는 자연도태와 적자생존의 원리로 생물의 진화를 설명한 것이며 열악한 자연 환경과 생존 조건 속에서 생물은 다른 종족은 물론 같은 종족 안에서도 상대방을 배제하고 자신의 생존을 보장하고자 한다. 이로부터 생존을 위한 경쟁과 투쟁은 불가피해진다. 이처럼 생존 경쟁이 이루어지는 가운데 자연 조건에 가장 적합한 존재만이 살아남아 자신의 특질을 후손에게 물려준다. 적자가 부적격자를 배제하고 소외시킴으로써 전체 종족은 더욱 유력한 특질을 발전시키게 되고, 그 종족을 구성하는 각 생물은 더욱 우수한 기관과 기능을 갖추며 진화해간다.

인간 역시 자신의 생명을 유지하고 유전자를 물려주려는 욕구를 지니고 있다. 이를 위해 인간은 자신의 힘이 미치는 한 생존경쟁을 하고 그 능력을 최대한 발전시키고자 한다. 이것은 결국 개인의 생존과 발전을 도모하는 일일 뿐만 아니라 인류의 발전과 복지를 증진시키는 결과로도 이어진다. 이러한 입장은 '사회진화론'으로 알려져 있으며 근대를 지배한 경제학적 자유방임주의에 새로운 무기를 제공하게 된다.

자유방임주의자들은 사회의 진보가 종족의 진화와 동일한 원리에 서 있다고 말한다. 경제생활에서의 경쟁도 생존경쟁의 한 형식이며 경쟁에서 우월한 자만이 생존하게 된다. 자신의 이익을 증진하기 위해 경쟁하고 자신의 능력을 발휘하기 위한 경제 활동을 영위할 경우 각자는 자신의 부를 증진시키는 동시에 사회 전체의 복지도 증진시킨다는 애덤 스미스Adam Smith의 사상은 바로 이러한 생각에 바탕을 두고 있다. 적자생존을 지향하는 생존경쟁을 인간의 삶 전반에 확대함으로써 인류 전체의 복지가 증진된다는 것이 근대의 인생관과 사회관의 바탕을 이루는 지배적 사조라 할 수 있다.

그러나 우리가 정의 사회의 기틀을 모색하고자 하는 한 이 같은 사회진화론에서는 답을 찾을 수는 없으며 발상의 전환이 불가피하다. 사회진화론에 대립하는 입장을 '사회연대주의'라 할 수 있다면 이러한 입장 역시 그 근거를 생물학에서 구할 수 있다고 생각된다. 이는 생존경쟁을 생물 진화의 근본 원리로 보는 데 반대하고 연대나 협동을 생명 현상의 특징으로 본다. 우리가 어떤 생물을 이해하고자 할 경우 여러 부분들과 그 기능들의 유대 내지 연대라는 사실에 바탕을 두지 않을 수 없으며, 따라서 죽음은 생명을 구성하는 각종 요소들 간의 연대가 파괴되어 각 요소가 분해되는 것이다.

생명체는 하나의 조직체로서 각종 세포들로 구성되며 이 세포들은 서로 생명을 지속, 발전하기 위해 유대를 맺고 협력한다. 세포들이 서로 결합되어 각종 기관을 구성하고, 각 기관은 생명에 필수적인 다양한 기능을 분담함으로써 생명이 유지되고 발전되는 것이다. 이러한 생리적 분업과 협동은 서로 표리를 이루어 생명 현상의 기본 원리를 이룬다. 고등 동물로 나아갈수록 기관이 더욱 분화되고 세분되며 유대와 협동은 더욱 현저하게 드러나는데 우리는 이를 생리적 연대라 부를 수 있을 것이다.

생리적 연대, 즉 신체의 각 부분 간에 나타나는 연대 관계로부터 나아가 이러한 상호 의존과 협조의 관계는 개체 간에도 성립한다. 물론 개체 간에는 유기체 내의 상호 관계보다도 더 많은 갈등과 부조화가 있음을 부인할 수 없다. 그러나 사회생활을 하는 생물이 개체 간에 상호 관계를 맺는 것은 불가피하며, 특히 인류에게서 그 특징이 여실히 드러난다. 신체적인 상호 관계는 물론이고 정신적인 상호 작용의 연대는 복잡 미묘하게 얽혀 작게는 한 사회, 크게는 전 인류가 서로 연결된 유기적 전체로 간주될 수 있다. 이러한 심리적 연대는 사회 진화와 더불어 더욱 복잡하고 다양해지며, 인간의 의식 또한 다양하고 풍부해짐으로써 상호 보충하고 상호 규정할 가능성도 증대된다. 결국 심리적 연대의 진보는 사회적 진보의 조건인 동시에 그 결과라 할 수 있다.

현대 사회는 정치가, 사업가, 종교가, 학자, 군인 등이 사회적 업무를 분담하고 있으며 산업도 농업, 광업, 제조업, 소매업 등으로 다양하게 세분화된다. 인간은 분업을 통해 생활의 필수 조건들을 타인에게 의존하여 구하며, 자신도 타인에게 일정한 서비스를 제공하고 다른 식의 서비스를 그 대가로 받는다. 이같이 서비스를 교환하는 관계 속에서 인간은 상호 의존적인 삶을 살아간다.

분업의 전제 조건은 협동이다. 협동이 전제되지 않은 분업은 의미를 가질 수 없다. 협력이란 말 속에는 상대를 자신과 동등한 인격으로 대우한다는 사실이 함축되어 있다. 이와 같이 협력의 바탕에 깔린 인간 평등 의식을 올바르게 이해한다면 연대 관계의 범위가 어디까지 확대되어야 하는지를 알 수 있다. 우리는 혈연, 지연과 같은 자연적이고 운명적인 연대만으로 살아갈 수 없으며, 인류라는 연대를 향해 나아가야 한다.

한편 인간은 같은 시대의 구성원들과 상호 의존 관계에 의해 결합되어 있을 뿐만 아니라 그 조상들과도 관련되어 있다. 우리는 우리의 육체와 육체를 구성하는 온갖 유전적 형질이 먼 조상들로부터 물려받은 유산이며, 우리가 사용하는 언어와 거기에 담긴 온갖 관념 또한 인류의 오랜 경험과 노력의 결정임을 알고 있다.

더 나아가 우리가 사용하는 온갖 도구로부터 종교, 철학, 문예, 과학, 정치, 경제 등에 이르기까지 찬란한 현대 문화는 먼 조상들로부터 면면히 이어온 역사적 산물이다. 오랜 역사를 전제하지 않고서는 현대 문화를 생각할 수 없으며, 이런 의미에서 우리는 과거의 무수한 사람들에게 엄청난 빚을 지고 있다.

이처럼 우리가 앞서 간 인류에게 빚지고 있음을 인식할 때 우리는 이를 다시 개선해서 미래에 전해야 할 책임을 지게 된다. 우리는 과거에 묶여 있는 동시에 미래와도 묶여 있다. 이러한 유대에 의해 현재의 인간뿐만 아니라 과거의 인간, 그리고 미래의 인간까지도 포괄하는 개념으로서 인류라는 것이 성립한다. 사회가 진화함에 따라 인간의 유대 범위는 더욱 확대되고 유산은 더욱 다양하고 풍부해진다. 시간적 연대가 누적, 확대되는 일은 사회 진화의 조건인 동시에 사회 진화의 결과라 할 수 있다.

사회적 부채와 상환의 의무

연대 관계의 그물망인 인류 사회에서 인간은 정신적으로나 물질적으로 타인에게 빚을 지면서 살아가고 있다. 우리는 살아가면서 갖가지 사회적 협력이나 시설의 도움을 받으며, 심지어 혼자 수행할 수 있는 일에서도 사회적 요소를 배제할 수 없다. 어떤 학자가 고심해서 저술한 한 권의 책도 전적으로 자신의 힘만으로 완성되는 것이 아니며 선현과 동료들의 연구 결과가 기본 바탕을 이룬다. 심지어 그가 자신의 사상을 표현하기 위해 사용하는 언어 또한 선조들로부터 전해진 것이다.

연대는 개인의 사고를 풍부하게 하고 그 능력을 증진시키며 각종 사업을 가능하게 하고 복지에도 기여한다. 물론 이 때문에 개인은 사회의 악 또한 감수하지 않을 수 없다. 도덕적 퇴폐, 정치적 부패 등의 영향은 사회 전역에 파급되어 개인에게 전해진다. 그럼에도 불구하고 연대가 개인에게 미치는 이익은 손실을 능가한다. 세상을 이해하는 데 필요한 지식, 가슴을 채우는 감정, 마음에서 솟아나는 의

욕 등은 연대에 따른 사회적 요소들이 나의 내면으로 들어 온 것이다. 즉, 인류의 오랜 지적·정서적·도덕적 전통이 바 로 나의 현재 삶을 규정한다. 사회의 역사적 유산을 바탕 으로 삼지 않는다면 개인은 지적으로나 정서적으로 설 자 리를 잃고 만다.

우리가 향유하는 재산도 사회적 연대에 의해 생산된 것 이다. 정교하고 간편한 각종 소도구로부터 정치한 대규모 기계에 이르기까지 각종 기구를 사용함으로써 인류의 생 산 능력은 엄청나게 증대되었다. 우리가 누리는 각종 의식 주의 편리함은 연대에 의거하지 않고는 설명될 수 없다. 즉 인류는 일반적으로 사회적 유대를 통해 헤아리기 어려 운 이득을 얻고 복지를 증진시킨다.

원칙적으로 개인은 사회적 재산을 자신의 공적에 따라 공정하게 향유하지 않으면 안 된다. 연대성은 개인이 자신 의 공적에 따라 상호 협동하며, 그 협동의 소산을 수용할 때에도 공적에 따라 공평한 조건 아래 수용한다는 것이다. 연대에 의한 해악이 불가항력적으로 발생할 경우 그것 역 시 공평하게 분담되어야 하며, 구성원들의 부담 능력에 따 라 공정히 나누어야 한다. 이와 같은 공정한 조건 아래 각

개인이 사회생활을 영위할 경우 연대에 의한 복지와 해악이 공평하게 수용되고 분담된다. 그러나 현실은 이러한 수용과 분담의 공평성이 견지되지 못하고 있다.

우리는 선조들이 축적한 유산을 수용·향유하고 있다. 오랜 역사를 통해 획득되고 집적된 유무형의 재산이 모두 해당된다. 언어, 풍습, 사상 등 일체의 문화적 산물부터 금전, 토지, 식량 등 물질적 부에 이르기까지 우리는 앞선 인류에게 어느 정도 부채를 지고 있다. 반면, 우리는 사회를 함께 이루고 있는 동료 구성원들의 협력 없이는 삶을 영위할수가 없다. 이처럼 우리는 과거에 대해서뿐만 아니라 동시대에 대해서도 부채를 진다. 과거의 유산을 받아들이고 그것을 수단으로 삼아 동시대인들이 상부상조하고 서비스를 교환하면서 각자의 생명을 유지하고 발전시켜 간다. 이런 뜻에서 우리의 부채는 이중의 부채라 할 수 있다.

한편 이러한 부채 관념은 의무의 관념을 함축한다. 사회생활은 나 자신의 지속과 발전을 요구할 권리의 세계인 동시에 우리의 지속과 발전을 가능하게 하는 사회 일반에 대한 의무의 세계라 할 수 있다. 물론 그 수준과 정도가 모든 사람에게 동일하게 적용될 수는 없으며 더 많은 부채를 지고 있는 사람이 더 많은 것을 지불하고 상환해야 할 당연한 의무를 갖는다.

즉 부채 상환의 공정한 방법이 중요한 것이다. 앞서 논의한 정신적·물질적 자산의 공정한 배분 방법과 부채를 공정하게 상환하는 방법의 이면에 정의正義의 이념이 함축되어 있음은 분명하다.《정의론》을 심각하게 공부해야 할 중대한 이유가 바로 여기에 있는 것이다.

사회계약론과 정의의 원칙

앞에서도 언급했듯이 사회 문제에서 가장 핵심이라 할 수 있는 정의의 실현은 모든 개인이 사회로부터 진 부채를 상환함으로써 가능하다. 그런데 정의의 실현을 위한 바람직한 실제적 방법은 외적 강제에 의한 것이기보다는 일종의 사회계약social contract에 바탕을 둔 합리적 자발성에 의한 것이어야 한다. 현대 사회는 계약이 차지하는 범위나 비중이 과거와 크게 다르다. 법 제도에서도 권력의 지배가 계약의 지배로 대체되고 자발적 제한을 의미하는 자유의 지배가 권력의 지배를 대신하는 것은 근대 이후 법제의 진보를 말해준다.

계약이란 특정 목적에 관해 당사자들이 의견 일치를 보고 그 목적을 추구할 때 따르는 책임을 수행하겠다는 의식적 승인을 말한다. 즉 당사자 간 합의에 의해 특정한 목적을 설정하고 그것을 추구할 때 생기는 책임을 부담하기로 합의하는 것이 계약이다. 어떤 사람이 필요로 하는 재화나 용역을 교환할 때 서로에게 공평하다고 인정되는 조건에 따라서 그 교환을 실현하려는 의지를 결정하게 되는데, 이때 특히 '공평한'이라는 말에 중요한 의미를 부여할 필요가 있다. 왜냐하면 사람들은 일반적으로 자기에게 유리한 점이 있다 할지라도 다른 사람이 받게 될 이득이 지나치게 큰 경우에는 함께 그 일을 도모하려 하지 않기 때문이다. 따라서 어떤 일을 함께 도모하는 것은 서로에게 공평한 결과를 초래한다는 조건에서만 가능하다고 할 수 있다.

타인의 이익을 보증하는 것은 자신에게 의무가 된다. 타인의 이익도 타인의 권리에 해당하는 것이므로 우리는 그에 대해 의무를 갖는다. 이로써 계약은 의무와 권리의 수행에서 성립하는 동시에 자신의 이익과 책임의 차이가 상대방의 이익과 책임의 차이와 동일할 때 성립한다. 공평이란 계약에서 상호 이익과 책임이 균등함을 의미한다. 당사자는 계약에 들어가기에 앞서 일체의 요소를 충분히 고려하고 비교함으로써 자신의 이익과 책임, 상대의 이익과 책임 간의 균형을 확인한다. 이러한 책임은 자기 스스로 부과한 책임으로서 결코 외적 권력에 의해 강제로 부과된 것이 아니다. 계약 관념의 발달과 더불어 권력의 지배로부터 자유의 지배로 이행하는 것은 당연한 귀결이다.

18세기 중엽 루소Jean-Jacques Rousseau는 유명한《사회계약론》(1762)에서 "우리 각자는 그 인격과 권력을 일반 의지general will의 최고 지배 아래 두어야 한다"라고 천명했다. 일반 의지는 형태로서 말하면 국가이며 작용으로서 말하면 주권이라 할 수 있다. 법률은 바로 이러한 일반 의지의 표현이며, 따라서 법률의 연원은 사회계약에 있다는 것이 루소의 주장이다. 그런데 루소가 사회계약설을 전개할 때 계약 당사자, 즉 시민 간의 합의가 역사상 실제로 있었다고 생각한 것은 아니었다. 사회적 의무와 관련해서 시민 간 합의는 사실도 아니고 실제로 있을 수도 없다.

사회계약론은 거의 역사적 사실에 대한 서술이 아니지만 다른 시각에서 해석해보면 중대한 함축적 의미를 갖는다. 사회 구성에 대한 개인 간의 합의가 실제 있다고 보기는 어려우나 우리가 그것을 기원에 대한 설명으로서가 아니라 사회계약에 관한 정당 근거로서 받아들일 경우 중대한 의미를 부여할 수 있다. 사회는 오랜 역사의 소산으로서 존재한다. 그러나 사회가 현재 가지고 있는 여러 중대한 특징들을 모두 유지할 수 있는 것은 사회 유지에 관한 암묵적인 합의가 있기 때문이다.

이러한 암묵적인 합의가 없을 경우 사회는 그 뿌리부터 흔들릴 수밖에 없다. 이는 사회 구성원들 간에 가상적인 계약hypothetical contract 내지 준계약이 성립하고 있음을 의미하는 것이다.

이상과 같이 생각할 때 이를테면 호혜 공동체로서 사회의 이득과 부담을 공평하게 배분하는 정의를 실현하는 일은 외적 권력의 강제가 아니라 구성원의 의식 속에 성립하는 일종의 합의, 즉 사회계약의 적용에 의해 가능하다. 올바르게 정의를 실현하는 일은 사회에 진 부채를 상환하는 일이며, 이는 사회의 부와 문화를 수용하고 향유하는 데 따르는 당연한 의무라는 것을 모든 성원이 승인할 때 가능하다.

이러한 승인으로부터 정의가 도출되는 것은 정당하고도 합리적이다. 계약이란 일정한 목적을 추구할 때 생겨나는 것으로서 이에 따라 스스로 책임을 부과하고 자신의 자유를 제한하는 것이다. 개인의 자유를 기준으로 모든 문제를 해결하는 현대에서 이러한 계약의 이념은 정의를 이해하기 위한 올바른 기초가 될 수 있을 것으로 생각된다.

수저론, 그리고 천부적 운과 사회적 운

우리 사회에서 사람들의 입에 오르내리는 '수저론' 이야기를 해보자. '수저론'에 따르면 사람들은 모두가 태어날 때 입에 숟가락을 하나씩 물고 나온다. 소수의 사람이 각각 금수저와 은수저를, 제법 많은 사람들이 동수저를 그리고 대부분의 사람들이 흙수저를 문 채 태어나며 이것이 평생의 운명을 상당히 좌우한다는 것이다.

수저론의 등장 배경으로 크게 두 가지를 들 수 있을 것 같다. 첫째, 우리의 인생은 그 스타트 라인이 동일하지 않다는 출생의 비밀이다. 하지만 이 같은 출생의 불평등은 어떤 나라에서 태어나든 모든 인간에게 동일하다. 둘째 근거는 한국 사회에 초점이 맞춰져 있는 것으로서 이 같은 출생의 불평등이 평생을 좌우할 뿐 아니라 죽는 날까지 별로 개선될 가망이 없다는 숙명론적 실망감이라 할 수 있다.

우리가 태어날 때 어떤 나라, 어떤 가정, 어떤 부모를 만날지 선택한 것이 아니라 우연히 배정된다는 의미에서 출생은 운명적으로 정해진다고 할 수 있다. 그러나 사람들은 국가와 사회를 만들고 정치를 통해 출생의 우연을 완화 내지 약화시키면서 그것을 인간적으로 좀 더 합당한 질서로 시정하고 개선해 나가고자 한다. 출생의 불평등은 동일하나 그것을 제도적으로 시정하고 개선하는 방식과 정도는 사회마다 천차만별이라 할 수 있다.

이런 관점에서 볼 때 최근 우리 사회를 냉소적으로 풍자하는 수저론은 그것이 전해주는 출생의 불평등 자체가 아니라 불평등이 제도나 정책을 통해 시정되거나 개선될 것을 기대하기 어려운 우리 사회의 구조적 부조리와 경직성에서 체감되는 실망스러움과 절망감에서 비롯한다. 한번 물고 태어난 수저는 우리가 어떤 노력을 하고 발버둥 쳐도 평생 처음 문 것 그대로 생을 마감해야 하는 숙명적인 수저인 것이다.

수저론을 인생이라는 100미터 경주에 빗대어서 다시 한번 정리해보자. 문제는 모두가 같은 출발선에서 동시에 출발하지 않는다는 데에 있다. 대부분의 사람들이 출발선에서 시작하기는 하나 일부 사람들은 50미터 앞에서 출발하는가 하면 소수의 사람은 90미터 혹은 95미터 지점에서 출발하기도 한다. 그래서 인생이라는 경기는 원천적으로 불

평등한 경기가 된다. 그러나 이 같은 원천적 불평등^{original}

inequality 자체는 주어진 자연적 사실일 뿐 그것이 부정의
하다거나 불공정하다고 할 수는 없다. 정의나 공정과 같은
도덕 언어는 우리가 원천적 불평등을 인간적으로 '처리'하
고 '관리'하는 방식을 다룰 때 사용될 수 있는 용어이기 때
문이다(《정의론》, 40쪽).

여기에서 롤스는 원천적 불평등을 설명하면서 정의론
을 도입하기 위해 운運, luck이라는 개념을 사용한다. 우리
는 운이라는 개념과 더불어 복福이라는 말을 쓰기도 한다.
그런데 운이라는 것은 지극히 우연적으로 주어지는 것인
까닭에 누구든 도덕적으로 그러한 운의 수혜자나 피해자
가 될 만한 정당 근거가 없으며 따라서 도덕적 관점에서
볼 때 운은 임의적이고 자의적arbitrary from moral point of view
이다(《정의론》, 52쪽). 롤스에 따르면 운은 크게 두 가지로 나
뉜다. 하나는 날 때부터 본인이 타고나는 천부적 능력이나
자질과 같은 태생적이고 자연적 운natural luck이라면 다른
하나는 좋은 부모나 가정을 만나 사회적 지위 등의 혜택을
보게 되는 사회적 운social luck이다(《정의론》, 46쪽).

그런데 자연적 운이건 사회적 운이건 간에 그것들이 도

덕적 정당성이 없는 것인 만큼 도덕적으로 정당한 정의를 논의하려면 운에 좌우되지 않는 중립적 입장, 즉 운의 중립화neutralizing luck가 선행되어야 한다. 여기서 유념해야 할 것은 이 같은 운의 중립화를 운의 평등화 내지 평준화equalizing luck와 혼동하지 말아야 한다는 점이다. 운의 평준화가 정의에 부합되는지 배치되는지는 앞으로 논의를 더 해가면서 판명될 것이다.

두 가지 운 중에서 사회 제도나 정책을 통해 쉽사리 조정할 수 있는 운은 아무래도 사회적 운이라 생각된다. 좋은 부모, 좋은 가정을 통해 혜택을 보거나 불이익을 당하는 것은 좋은 사회적 제도나 정책을 통해 완화 또는 약화시킬 수 있다. 소위 복지 사회는 바로 사회적 운을 중립화하는 사회라 할 수 있다. 이를테면 의무교육 제도는 부모나 가정에서 비롯된 후천적 환경의 혜택이나 불이익을 완충한다. 물론 의무교육 제도가 완벽하다 할지라도 우리 사회와 같이 무분별한 사교육 때문에 교육 정의가 실종되는 불상사가 얼마든지 발생할 수 있기는 하다. 또한 건강과 관련된 의료보험 제도 역시 갖가지 사회적 장애를 넘어 모든 성원의 건강권을 보장함으로써 의료의 사회 정의를 도모하고자 하는 시도이다. 그러나 이 역시 고급 의료를 돈으로 거래하는 자본주의적 관행을 완벽하게 차단하는 것은 불가능하다.

비록 일상적인 사례이긴 하나 교육 정의나 의료 정의는 사회적 운의 영향력을 완화하거나 약화시킴으로써 정의의 문제를 이해하는 데 도움을 준다. 물론 여기에서 교육 정의와 의료 정의를 실현하기 위해서 사회적 운의 완화나 약화가 어느 수준까지 이르러야 하는지에 대한 논의는 더 진행되어야 할 것이나 《정의론》의 기본을 직관적으로 이해하는 데 도움은 될 수 있으리라 생각된다.

우리의 정의감에 의거해서 사회적 운의 완화나 약화 수준에 대해 이야기할 수 있는 한 가지 논점은, 사회의 모든 성원들이 각자 타고난 사회적 운의 많고 적음에 상관없이 자신의 능력을 개발하는 데 필요한 정도의 교육을 받아야 한다는 것, 그리고 인간다운 삶을 영위할 수 있도록 신체적 건강을 지속적으로 유지하는 데 필요한 조건을 보장받을 정도로 의료 혜택을 받아야 한다는 것이다. 이는 특히 사회적 약자에 대한 최우선 배려가 정의에 부합함을 말해 준다.

이상에서 논의한 사회적 운의 중립화에 대해서는 어느 정도 명분도 이해되고 방법도 구상해보는 데 크게 어려움이 없을 것이다. 그러나 자연적 운의 중립화는 직관적 설득이 쉽지 않으며 그 방법을 모색하기도 수월하지가 않다. 이를테면 우리는 태어날 때 각자 나름의 미모를 타고나기도 하고 그렇지 못하기도 한다. 타고난 미인은 자신의 미모에 대해 과도한 자부심을 느끼며 살고 그렇지 못한 사람은 종종 열등감과 더불어 시기와 질투로 인해 잠을 이루지 못한다. 이는 결국 우리가 타고난 자연적 미추에 대해 비판적 거리를 두기가 어렵다는 것을 의미한다.

나아가서 우리는 타고난 지능에 대해 어떻게 생각하고 있는가? 천재는 자신의 탁월한 지능에 대해 어떻게 생각하며, 반대로 천치는 무슨 생각을 하고 있을까? 그리고 범재들은 자신의 두뇌와 천치 그리고 천재에 대해 어떻게 생각할까? 이 밖에도 우리는 각자 다양한 재능을 타고나기도 하고 개발하기도 한다. 타고나건 습득한 것이건 간에 우리는 그것이 양보할 수 없는 '나만의' 것이고 그로부터 거리를 취하기는 지극히 어렵다고 생각할 것이다.

도덕적 관점에서 볼 때 정당화가 어렵다고 생각되는 운

을 정의의 관점에서 중립화해야 한다는 롤스의 직관적 발상에는 암암리에 그러한 운이 우리 모두의 공유 자산common asset 내지 집단 자산collective asset이라는 생각이 깔려 있다(《정의론》, 119~121쪽). 물론 어떠한 운을 누리는 당사자가 자신의 운에 대해 특정한 소유권을 주장할 수 없듯 운의 배정이 집단 자산이나 공유 자산이라는 점 역시 주장하기가 쉽지는 않다. 그러나 롤스는 운을 공유 자산 내지 집단 자산이라 생각할 수 있을 때 비로소 정의의 문제가 풀릴 수 있다는 도덕적 직관을 지니고 있다. 이는 마치 서두에서 논의한 사회연대주의의 관점과 일맥상통한다는 게 필자의 생각이다.

2장   최소 수혜자 배려와 정의로운 사회

《정의론》의 핵심은 우리가 타고난 천부적 재능과 사회적 지위 모두가 도덕적 정당 근거가 없는 우연적인 것인 까닭에 그것들을 공동의 자산으로 간주하고 중립화하는 데서 정의에 대한 생각이 시작된다는 점이다. 결국 롤스는 모든 사람에게 공정한 기회 균등을 보장하는, 이른바 '공정으로서의 정의justice as fairness'를 구상하고 이를 보증해줄 사회 구조 내지 사회 체제를 모색하고자 한다.

그런데 형식적 기회 균등도 아니고, 실질적 기회 균등도 넘어서서 공정한 기회 균등까지 보장하는 일이 현실적으로 가능한가. 여기에서 롤스는 우선 절차적 정의를 우선적으로 고려하되 그 문제점을 '최소 수혜자 최우선 배려의 원칙'을 통해 보완하는 전략으로 자신이 구상하는 정의로운 사회를 구현하고자 한다. 이번 장에서는 여러 가지 사회 구조와 체제를 검토하면서 롤스가 그리는 정의로운 사회의 차별화된 면모를 살펴보기로 하자.

형식적 기회 균등과 자유방임 사회

다양한 천부적 재능과 사회적 배경을 가진 사람들이 비교적 유동적인 사회 환경 속에서 함께 살아가는 상황을 생각해보자. 구성원들은 자신의 타고난 자질과 사회적 지위에 의해 제약을 받는 것 외에는 자유로이 자신의 인생 계획을 추구한다. 그들은 자신이 타고난 능력을 마음껏 발휘하고 사회적 여건을 자유로이 활용함에 있어 어떤 법적·제도적 제약도 받지 않으며 경제적 자유 또한 보장되어 있다. 이는 애덤 스미스의 표현대로 "완전한 자유"의 상황이며 기회에 대한 일종의 '자유로운 시장'이라 할 수 있을 것이다.

이러한 사회의 특징은 첫째, 효율성의 원리가 사회적으로 충족될 경우 궁극적으로 능력 있는 모든 이에게 이익이 도모된다. 둘째, 지위와 직무가 모든 이에게 개방된다는 의미에서 형식적 기회 균등이 보장된다. 이러한 사회는 훌륭한 재능과 사회적 지위를 타고난 사람이나 그러한 바탕 위에서 열심히 노력하는 자가 출세하는 사회이며 재능과 노력의 정도에 따라 출세의 길이 열려 있는 사회이다.

이상에서 말한 것은 바로 '능력 있는 자라면 출세할 수 있다'는 19세기 이념을 대변하는 것이다. 이에 대해 두 가지 점이 지적될 수 있다. 하나는 이 입장이 기회를 이용하는 데 있어 별다른 제약이 없는 한 합당한 기회 균등이 달성된다고 보는 점이고, 다른 하나는 기회 균등이 보장된 시장에서는 배분된 결과를 교란해서는 안 된다는 점이다. 정당한 기회를 통한 최종적 배분 형태는 '형식적인' 기회 균등의 조건 아래 개인들이 자신의 타고난 재능과 사회적 여건을 이용해서 도달한 결과인 것이다. 롤스는 이러한 입장을 자연적 자유natural liberty 체제라 불렀는데 이는 달리 표현하면 애덤 스미스적 자유 체제라고도 할 수 있고, 현대 자유지상주의자인 로버트 노직Robert Nozick, 1938~2002의 소유권 체제도 이와 유사하다고 볼 수 있다(《정의론》, 119쪽).

그러나 이러한 효율적 배분이 과연 모든 사람에게 이득이 되는 정의로운 분배 형태라 할 수 있을까? 경제학자들에 따르면 파레토 최적Pareto optimality[1]이라는 차원에서 효

---

1 일정한 자원 배분 상태에서 다른 사람에게 손해를 끼치지 않고서는 어떤 한 사람에게 이득이 되는 변화를 만들어내는 것이 불가능할 때의 배분 상태를 파레토 효율(Pareto efficiency)이라고 한다.

율적인 재화 분배 방식에는 여러 가지가 있으며, 그중에는 소수에 의한 과점이나 심지어 한 사람에 의한 독점도 허용될 가능성이 있다. 따라서 효율efficiency의 원리 속에 내재하는 이러한 난점들 때문에 효율의 원리가 또 다른 적절한 분배 원리로 보완되어야 한다는 결론에 이르게 된 것이다.

후생경제학자[2]들은 효율의 원리를 보완해줄 보상의 원리를 제창하기는 했으나 다시 이러한 보상의 옳고 그름을 결정해줄 기준이 필수적으로 요구되며, 그에 대한 본격적인 논의가 필요하다고 할 수 있다. 보상의 근거가 불명확하거나 자의적인 것이 될 우려가 있기 때문이다. 결국 가능한 여러 가지 효율적인 분배 방식들 가운데 정당한 배분을 결정해줄 합리적 정의의 원칙을 도입하는 것이 불가피하다고 할 수 있다. 바로 이 점을 윤리학자나 도덕철학자가 주목하게 되는 것이다.

롤스는 효율의 원리가 특정인의 독과점을 포함하는 분

---

2 후생경제학 혹은 복지경제학(welfare economics)은 영국의 경제학자 아서 세실 피구(Arthur Cecil Pigou)가 1920년에 쓴 《후생경제학The Economics of Welfare》에서 유래했다. 피구는 "후생경제학은 경제적 건전성과 인류의 복리를 증진시키기 위한 경제적 관점의 정책을 연구하는 것"이라고 정의했다.

배 양식을 허용할 가능성이 있으므로 만인의 권익을 보장할 수 없으며, 효율적 분배가 공정 분배를 의미할 수 없다는 점에서 자연적 자유 체제의 부조리에 주목했다. 자유방임적 사회는 소득과 부의 분배를 자연적 요인과 사회적 변수의 지배에 내맡길 뿐만 아니라 두 요건의 상호 관계를 그대로 방치한다. 따라서 이러한 체제는 두 요건의 혜택을 받은 행운아뿐 아니라 날 때부터 천부적 재능을 발휘할 기회마저 박탈당하는 지경에 처한 불운아가 존재할 여지를 제공하게 된다(《정의론》, 120쪽).

결국 이러한 기회 균등은 전적으로 형식적인 기회 균등으로서 불운한 사람들에게 잠재 능력을 발휘할 수 있는 기회마저도 주어지지 않을 여지를 용인하게 된다. 자유경쟁이라는 명분 아래 치열하게 전개되는 이기적 투쟁이 방치될 경우 승패는 자연적·사회적 변수에 내맡겨진 약육강식의 사회 상황을 현출하게 되며 이는 홉스의 이른바 '자연 상태'를 방불케 할 것이다. 결국 이는 도덕적 정당성이 없는 우연적이고 운명적인 자연적·사회적 운이 지배하는 사회라 할 수 있다.

통상 기득권을 가진 계층은 천운과 천명이라는 명분 아

래 운명에 대한 체념을 강요해온 것이 사실이다. 그러나 롤스는 '무지의 베일the veil of ignorance'[3]을 통해 각자의 운명을 모르는 상태에서 가장 불운한 계층의 일원이 될 각오 아래 선택한 것이 바로 정의의 원칙으로서 정당화된다고 보았다. 결국 효율성의 원리와 형식적 기회 균등이 보장되는 자유방임 체제는 방치된 자연적 우연과 사회적 우연에 의해 사회적 권익의 배분이 이루어지는 사회로서 우리의 정의감이 용납하기 어려운 체제가 될 수밖에 없다.

---

3 다음 장에서 보다 상세한 논의와 보완적 설명이 나오겠지만 무지의 베일이란 출신 배경, 가족 관계, 사회적 지위, 재산 상태 등 자신의 위치나 입장을 전혀 모르는 상태를 가정하기 위한 개념적 장치이다. 이는 자신의 이익에 맞춰 선택하는 것을 막기 위한 인지적 장치로서 사회 전체의 이익을 위한 정의의 원칙을 구상하기 위한 것이다.

실질적 기회 균등과 자유주의 사회

앞에서 우리는 자유방임 체제가 우리의 정의감이나 공정감에 호소력이 없음을 지적했다. 각자 타고난 사회적 지위의 영향력을 그대로 방치함으로써 그것이 각자의 인생 전망을 결정하는 데 지나친 비중을 차지하게 하기 때문이다. 이러한 것들은 각자가 특정한 가정이나 특정한 계층에 태어남으로써 주어지는 우연적 변수들이다.

그러한 변수들이 방임됨으로써 최초의 이득과 불이익을 주게끔 허용된다면 그 결과로서 주어지는 배분이 불평등해지는 것은 당연한 일이다. 이때의 불평등은 자신이 타고난 재능과 능력으로만 설명되지 않으며, 그러한 자연적 능력과는 대체로 무관한 계층, 가족과 같은 배경적 변수들에 의해 크게 왜곡될 것이라는 점에 문제가 있다.

사회적 변수들은 타고난 능력을 개발하거나 억압하는 데 영향을 미친다. 동일한 재능을 타고난다 할지라도 사회 계층이나 가정 여건에 따라 계발의 정도가 천차만별일 수 있다. 음악의 천재 모차르트가 아닌 한 보통 사람들의 천부적 재능은 거의 대동소이하다고 볼 수 있으며, 따라서 그에 주어지는 적절한 가정환경과 양질의 교육에 따라 계발되는 재능의 종류와 정도에도 현격한 차이가 나타난다.

이런 의미에서 계발된 재능은 사회적으로 선택된socially chosen 것이라 해도 과언이 아닐 것이다. 그런데 사회적 변수들은 타고난 능력의 계발 여부에 영향을 줄 뿐만 아니라 이미 계발된 동일한 능력에 대해서도 차등 대우를 할 수 있다는 데 더욱 심각한 문제가 있다. 사회적 요인은 능력의 계발을 저해할 뿐만 아니라 계발하는 행위를 전적으로 사장시켜버릴 가능성까지 갖는다. 이와 같이 특정 계층 또는 가정에서 태어난다는 우연적인 사회적 변수들에서 비롯된 결과들이 인생의 성공 여부를 좌우하는 결정적인 요인이 되어서는 안 된다는 것이 바로 우리의 정의감이 갖는 확고한 신념이라 할 수 있을 것이다(《정의론》, 121쪽).

그런데 사회적 여건과 실현된 능력은 상호 밀착되어 있는 까닭에 그 두 가지를 정확하게 구분해낼 방도가 없다는 문제가 있다. 우리는 사회적 우연성으로 인해 개인들에게 생겨나는 이득의 차이를 감소시키는 간접적인 전략을 수행할 수 있을 뿐이다. 예를 들어 상속세와 양도세를 고율로 징수하고 사회적 지위에 상관없이 공공교육을 무료로 제공하는 일 등이 그러한 목적에 기여할 수 있는 길이다. 여기에 함축된 의미는 사회적 이익과 불이익을 간접적 전략을 통한 제한과 조정을 통해 감소시킴으로써 대체로 동등한 자연적 재능과 동기를 가진 사람은 대체로 유사한 기회를 누리고 인생 여정에 있어서도 유사한 지위에 있게 되며 대체로 동일한 수입과 재산을 갖게 한다는 점이다.

이러한 조치는 우리의 정의감에 어느 정도 만족을 주게 될 것이며 나름의 상당한 설득력을 지닌다. 그것은 형식적 기회 균등의 자유방임 체제가 갖는 결함을 다소 수정해주기 때문이다. 이렇게 수정된 사회 체제는 재능의 계발이나 이용에 있어 편향된 이득이나 기득권을 배제한다. 이러한 사회 속에서 구성원들은 사회적 운에서 생겨나는 이득과 불이익이 완화 또는 조정된다고 느낄 것이다. 이로써 사회와 그 구성원은 한층 나은 이상 사회로 한 걸음 더 접근해간다고 할 수 있다.

이러한 사회 체제를, 롤스가 말한 자유주의적 평등liberal equality 체제라 할 수 있다. 이는 효율성의 원리를 채택한다는 점에 있어서 자유방임 체제와 유사하지만 모든 사람에게 동등하게 개방하는 것이 단순히 형식적 기회 균등이 아니라 실질적 기회 균등을 의미한다는 점에서 차이가 있다. 자유방임 체제에서는 지위나 직무에 있어서 형식적 기회 균등만이 보장되었으나, 자유주의적 평등 체제에서는 유사한 능력, 기능, 의사, 노력 등의 조건을 충족시키는 사람에게는 누구나 비슷한 직위와 직무의 기회가 실질적으로 보장된다. 이런 사회에서는 사회적 지위나 계층에 상관없이 재능, 의사, 의욕, 열의가 동등한 자에게는 대체로 교육, 취업, 인생 전망도 동등하게 보장된다(《정의론》, 121쪽).

많은 학자들은 사회 계층에 상관없이 동등한 능력을 가지고 있으며, 동등한 노력을 하는 사람에게 동등한 기대가 충족되어야 한다고 주장하면서 사회적 권익의 분배에 있어서는 우연적 변수의 영향을 적절히 완화하거나 배제하는 조치를 요청했다. 즉 공정한 자유시장 체제는 경제적 추세를 적절하게 조정하고 소득과 부의 편중을 시정하며 교육과 취업의 기회가 실질적으로 개방된 체제를 말한다. 또한 학교 조직은 국공립과 사립 간의 계층 장벽을 없애고, 누구든지 교육의 혜택을 동등하게 누림으로써 고도의 교양과 지식을 갖추도록 하며, 최선의 기술과 기능을 습득함에 있어 실질적으로 기회를 공정하게 보장받게 한다. 결국 자유주의적 평등 체제는 사회적 우연성을 배제함으로써 자연적 우연성이 사회적 권익의 분배를 지배하게 되는 체제라 할 수 있다.

그러나 사회적 우연성을 배제하는 데에도 일정한 한계가 있을 수밖에 없다는 점에 주목해야 한다. 그것을 온전히 배제하는 것은 현실적으로 불가능할 뿐만 아니라 경우에 따라서 바람직한 것인지조차 의심스럽다. 예를 들어서 가정family이라는 것은 기회의 불평등을 가져올 잠재적 체제 중의 하나이기는 하나 가정을 배제할 경우 그와 동시에 인간 행복의 중대한 원천이기도 한 재능의 다양성마저 소멸하게 된다. 따라서 우리는 사회적 우연성을 배제하기보다는 이러한 불완전성을 보상해줄 또 다른 조치를 강구하는 길로 나아가야 할 것이다(《정의론》, 122쪽).

결국 롤스는 사회적 운의 영향력을 완화 내지 약화시키는 자유주의적 평등 체제를 한편으로는 수용하면서도 다른 한편으로는 그 불완전성을 보완하는 작업이 절실히 요구된다고 주장한다. 일반적으로 자유주의적 평등 체제는 우리가 복지 사회로 알고 있는 체제와 유사하다. 이 두 제도는 모두 사회적 운의 영향력을 완화 내지 약화시킴으로써 정의로운 사회 체제를 구축하고자 한다는 점에서 일맥상통한다고 할 수 있다. 그러나 롤스는 이 같은 체제가 천부적·자연적 운까지도 완화 내지 조정함으로써 진정으로 공정한 기회 균등을 보장하는 정의로운 체제에는 미치지 못한다는 점에서 비판받아야 한다고 생각한다.

공정한 기회 균등과 정의로운 사회

앞서 살핀 바와 같이 자유주의적 평등 체제는 자유방임 체제의 형식적 기회 균등을 실질적 기회 균등으로 대체했다. 하지만 그럴 경우 결국 자연적 자질에 의해 모든 것이 좌우되는 결과로 이어진다. 여기에서 우리는 과연 사회적 여건에서 오는 차등만 가려내어 조정한다면 자연적 자질에서 오는 차등은 그대로 방치하는 것이 공정하고 정의로운 것인가라는 질문을 던지게 된다. 사회적 지위와 마찬가지로 자연적 자질을 타고나는 것도 도덕적 관점에서 볼 때 정당 근거가 없는 임의적이고 우연적인 변수로 판단되기 때문이다.

자연적 자질을 이런 식으로 보는 견해에 대해 혹자는 반론을 제기하고자 할 것이다. 자유 지상주의자 로버트 노직 같은 학자는 천부적 자질이 도덕적으로 임의적이라는 견해를 정면에서 공격하며 설사 그것이 임의적인 것이라 할지라도 다른 식으로 조정되거나 수정되어야 할 명분이 없다고 주장했다. 개인들이 자신의 천부적 재능에 대한 권리가 없다고 해서 전체로서의 사회가 그것을 공유할 권리를 갖는다는 것도 논증되지 않았으며, 그 소재가 우연히 나에게 주어진 것이라는 이유로 나의 배타적 자산이 될 수 없다면 공동의 자산으로 간주되어야 할 정당 근거는 무엇인가라고 노직은 반문한다.

물론 이러한 반론에 대해 결정적인 해답을 제시하기란 어렵다. 하지만 자연적 행운이 사회적 권익을 배분하는 결정적인 근거가 될 경우 그러한 사회는 자연적 여건에 의거해서 약육강식하는 동물의 왕국와 별다른 차이가 없으리라는 것이 우리의 숙고된 판단이다. 자연적 불평등은 그 자체로서는 부정의한 것도 비도덕적인 것도 아니며 그저 단적으로 주어진 자연적 사실에 불과한 것이다.

이성적 존재로서 인간에게나 가능한 도덕이나 윤리는 자연적으로 주어진 것을 있는 그대로, 운명적으로 받아들이는 것이 아니라 그것을 더욱 인간적으로 수정하고 재편성함으로써 성립한다. 인간사회가 자연적 불평등을 있는 그대로 반영하는 사회일 뿐이며 결과적 불평등이 초기 조건으로 주어진 불평등의 함수에 불과하다면 도덕적 주체로서 인간이 다른 동물과 차별화되는 점을 어디에서 발견

할 것인지 의심스러워진다.

그런데 우리가 개인들의 타고난 자연적 자질을 문제 삼는다 할지라도 사회적 우연성을 처리하는 경우와 달리 그것에 직접 손을 댄다는 것은 비교적 어려운 일이라는 점에 주목할 필요가 있다. 몇 가지 조정 방식이 없는 것은 아니나 그것은 유전공학적 조처와 같이 찬반 이론이 분분한 것들이다. 우리가 우생학적 유전공학에 의거해서 천부적 자질을 평준화하거나 유전인자를 선별적으로 조정해서 사회적으로 요구되는 인재들을 충당하고자 한다면 올더스 헉슬리의 《멋진 신세계》(1932)나 조지 오웰의 《1984》(1949)[4]가 그리는 세계가 된다는 것을 의미하지 않는가?

결국 롤스는, 적어도 현재 우리에게 더 바람직한 전략은 자연적 자질에 영향을 미치는 것으로 알려진 사회적 여건을 재편성함으로써 간접적으로 자연적 변수들을 원격 조정하는 것이라고 생각된다. 예를 들면 유아 질병이나 다른 형태의 기형아 발생을 예방하는 공공 위생이나 안전한 환경을 제공하는 일반적 방도와 임신 중 의료 보호, 기아 상

---

4 두 소설 모두 정의사회보다는 디스토피아를 그린 작품이라 할 수 있다.

태 및 영양실조를 구제하는 방도 등이 그것이다.

이러한 방도들은 그것이 직접적이든 간접적이든 간에 자연적 자질 그 자체를 조정하는 것일 뿐 아니라 유전적 자질, 신체 구조, 건강 상태, 지능, 성격, 상상력 등의 차이에서 오는 이득에 따른 차등적 결과를 가능한 한 감소시키려는 시도인 것이다. 따라서 우리는 자연적 자질에 대해서 때로는 간접적으로, 때로는 사후에 어떤 조치를 취하는 것이 더욱 바람직하다는 결론에 이르게 된다. 하지만 이러한 방도를 이용함으로써 우리가 의도하는 것은 절대적 기회 균등이 아니라는 점에 주목할 필요가 있다.

사실 이런 절대적 기회 균등이 바람직한 목표인지도 분명하지 않다. 왜냐하면 자연적 자질에 있어서나 사회적 여건에 있어 사람들 간의 차이를 완전히 제거하거나 평준화 equalize하는 것은 비합리적이고 비생산적인 것인지도 모르기 때문이다. 인간의 다양성은 어떤 사회에 있어서건 바람직한 것이며 이 같은 다양성을 위해서는 자연적 자질과 사회적 여건의 다원성이 요구된다. 따라서 우리의 해결책은 두 가지 요인의 평준화라기보다는 그러한 요인에서 생겨나는 이득에 있어서의 차등적 결과를 감소시키는 일이다.

이렇게 해서 롤스가 제시하는 공정한 기회 균등에 의한 세 번째 입장은 두 번째인 자유주의적 평등의 입장과 다음 두 가지 점에서 구분된다. 첫째, 그것은 공정한 기회 균등과 관련된 좀 더 광범위한 기회의 체계를 인정하는 동시에 사회적 출발점과 자연적 자질에 있어서 어느 정도 차이와 다양성을 용납한다. 둘째, 최초의 출발점과 관련된 이득에 따른 차등을 완화하기 위한 양심적인 노력 이후에도 비非자유방임적 방도로 그 최종 결과를 사회 성원 중 최소 수혜자the least advantaged의 관점에서 다시 조정한다.

이러한 세 번째 입장은 공정한 기회 균등에 의거한 정의로운 체제라 할 수 있으며, 이를 롤스는 민주적 평등demo-cratic equality 체제라 부른다. 그리고 여기서 말하는 비자유방임적 접근 방식은 롤스가 제시한 정의의 두 원칙, 특히 차등의 원칙에 의거해서 최소 수혜자 계층에 대한 최대의 배려를 하는 것과 관련된다.

최초 출발선상의 차등과 최종적으로 도달한 결과적 차등을 감소시키기 위한 두 단계의 절차는 출발 지점과 최종 결과 모두를 고려함으로써 개인 간의 차등을 최소화하는 데 목적이 있다. 이렇게 해서 분배 정의의 사회경제적 과

정은 크게 두 부분으로 이루어지며, 이들이 상호 관련되어 일관된 전체를 이루게 된다. 이 중 한 부분인 기회 균등은 다른 부분인 공정 분배에 대해 우선성을 갖는다. 왜냐하면 분배정의의 체제에 있어 공정 분배의 원칙은 기회 균등의 관념을 보완하기 위해 필요한 것이기 때문이다. 공정한 기회 균등이 아무리 양심적으로 적용된다 할지라도 미처 다 해내지 못한 것을 보완할 필요가 있다. 이러한 두 요소가 결합되어 공정한 기회 균등 체제를 이루게 되며, 그럼으로써 최초의 차등과 최종적 차등을 정의의 관점에서 조정하게 되는 것이다.

이런 점에서 롤스의 정의론은 절차주의적 측면과 결과주의적 측면의 상호 보완을 통해 구성된다고 할 수 있다. 즉 기회 균등을 중심으로 수행되는 절차주의적 과정의 부족한 측면을 공정 분배라는 결과주의적 조정으로 보완함으로써 롤스의 정의론이 완성되는 것이다.

지금까지의 논의 결과를 도표로 그려보면 다음과 같이 될 것이다.

자유방임 사회(형식적 기회균등)

- 자연적 자유 체제
- 자연적 운과 사회적 운 방치

↓

자유주의 사회(실질적 기회균등)

- 자유주의적 평등 체제
- 자연적 운 방치, 사회적 운 완화

↓

정의로운 사회(공정한 기회균등)

- 민주적 평등 체제
- 자연적 운과 사회적 운 완화
  (절차적 정의와 결과적 정의의 보완)
- 운의 중립화, 최소 수혜자 최우선 배려

[그림] 정의로운 사회로의 이행 과정

능력과 지위는 공유 자산인가?

지금까지 논의해온 정의로운 체제의 근거가 되는 주요 논변은 다음과 같다.

사람들은 서로 다른 자연적 자질을 지닌 채 태어나 서로 다른 사회적 여건 속에서 성장한다. 아무도 자신이 타고난 이러한 요인들에 대해 공과가 있다고 말할 수 없다. 따라서 그것이 자신의 정당한 도덕적 몫, 즉 응분^{desert}이라고 말할 수 없다.

그럼에도 불구하고 이러한 요인들은 각자의 인생 전망에 일부는 유리하게, 다른 일부는 불리하게 영향을 미치는 원천적 불평등의 소지이다. 그러한 요인에서 파생되는 특정 결과들 역시 각자 책임져야 할 응분의 몫이라고 할 정당 근거가 없다. 그렇다면 이러한 요인들을 합리적으로 처리할 수 있는 방도는 무엇인가?

롤스에 따르면 자연적 재능의 배분은 그 자체로서는 정의도 부정의도 아니다. 이것들은 단지 자연적 사실에 불과하다. 정의, 부정의 여부는 인간의 제도가 그것을 처리하는 방식 때문에 문제가 된다. 어떤 사회 체제는 자연적으로 주어지는 우연적 요인을 그대로 방치하는 가운데 성립하는 그야말로 자유방임 체제라 할 수 있다. 그러나 우리가 이 같은 우연적 변수들을 그대로 방치해야 할 의무는 없다. 사회 체제는 인간의 의지와 통제력에 의해 변화될 수 있는 것이며, 그 역시 인간 행위의 한 유형이요 선택의 결과이기 때문이다. 롤스의 '공정으로서의 정의관'에 따르면 인간은 서로의 운명에 동참할 뿐만 아니라 자연적 우연과 사회적 여건의 자의성이 공동의 이익이라는 결과에 도달하게끔 제도를 기획하는 데 합의한다는 것이다.

물론 이것은 현실에서 개인들이 취할 것으로 기대되는 견해는 아니며 공정한 도덕적 관점에서 취할 것으로 기대되는 입장이다. 이러한 입장이란 모든 개인이 자신의 천부적 자질, 사회적 여건뿐 아니라 자신이나 타인에 속하는 광범위한 편향적 사실들을 괄호 속에 넣고 정의의 원칙을 논의할 때 그에 대한 의사결정 자격을 갖게 될 가상의 입장이요 관점이다.

요약하면 사회는 도덕적 관점에서 볼 때 천부적 재능, 사회적 여건 등 우연적이고 운명적인 행운이나 불운에 의해

특정한 이득이나 불이익을 받게끔 편성되어서는 안 된다
는 것이다. 정의로운 사회란 오히려 모든 구성원이 자신만
의 이익이 아니라 모든 이의 공동선을 위해 자연적 자질을
이용하고 사회적 여건을 활용할 것을 요구한다는 것이다.

그래서 우리는 롤스의 논점에 따라 자연적 능력의 배분
을 공동 자산common asset으로 간주하는 것이 합당하다는
결론에 이르게 된다. 정의로운 사회는 모든 성원이 실현한
자연적 재능의 총체에 참여하고 그로부터 생겨난 혜택에
동참할 수 있도록 구성되어야 한다.

여기에서 재능의 공개념公概念[5]과 관련해서 주목해야 할
것은, 공동 자산으로 간주되어야 할 것은 재능 그 자체가
아니라 재능의 배분 방식이라는 것이다. 다시 말하면 그것
은 개인의 재능이나 자질 혹은 신체의 일부가 문자 그대로
사회에 귀속한다는 취지의 주장이 아니라 개인 간의 차이,
재능의 다양성, 주어진 재능 성취 수준의 차이가 상호 이
익을 위해 사용되어야 할 공동의 행운으로 간주되어야 한
다는 점이다(《정의론》, 119~121쪽).

5 개인의 사유 재산에 대한 소유권은 인정하지만 경우에 따라 사익보다 공익을
  우선하여 재능을 이용하도록 규제할 수 있다는 생각.

자연적 능력의 배분을 공동 자산으로 간주할 경우 그것은 자연적 사실을 기술하는 것이 아니라 그렇게 간주하고자 하는 합의가 합당하다는 규범적 태도를 나타내는 것이다. 그리고 또한 중요한 것은 공동 자산이라는 발상으로부터 공정한 기회 균등에 이른 것이 아니고 공정한 기회 균등이라는 요구를 우선적으로 확립한 뒤 그에 대한 성찰을 통해서 공동 자산이라는 개념에 이르게 된다는 점이다. 자연적 우연과 사회적 우연이 공정한 기회 균등을 보장할 정도로 감소될 수 없다는 이유에서 공동 자산이라는 관념의 도입이 요청되기 때문이다.

또한 주목해야 할 것은 자연적 자질이나 사회적 지위가 부와 소득을 획득함에 있어 결코 무효화되지 않고 그대로 작용한다는 점이다. 그것은 도덕적 관점에서 볼 때 모두가 받아들일 만한 공정한 결과를 가져오게끔 작용한다. 이런 관점에서 롤스는 각자가 자신의 자연적 자질이나 사회적 지위에 대해 당연한 권한을 내세우는 입장을 거부하는 동시에 그러한 자질이나 사회적 지위에 따른 이득을 평준화해야 한다는 입장에도 동조하지 않는다.

롤스의 정의론은 불평등한 자질을 제거하거나 평준화하

려는 것이 아니다. 최소 수혜자를 포함한 모든 사회 성원에게 혜택이 가도록 이득과 부담의 체제를 편성하려는 것이다. 따라서 더욱 중요한 것은 천부적 자질과 사회적 지위의 우연성을 처리함에 있어 우리가 자신의 여건을 행사하는 방식을 바꾸는 대신에 그 재능으로부터 나오는 이득을 주장하는 도덕적 근거를 변화시킨다는 점이다.

그래서 우리는 더 이상 자신이 가진 자질이나 그로부터 얻게 되는 이득의 독점자가 아니며 자연적 재능의 분배를 공동 자산으로 간주하고 결과에 상관없이 그러한 분배에서 나오는 이득에 동참하게 된다. 이렇게 해서 우리는 행운의 임의성을 인정하면서도 우리가 우연히 배당된 재능의 소유자이기보다는 그것의 경영자 내지 관리자steward-ship임을 내세우게 된다. 천부적으로 보다 유리한 조건을 타고난 자들은 혜택 받지 못한 자들의 처지를 개선—교육의 부담을 지고 더 불리하게 타고난 자들을 돕는 등의 방식—해준다는 조건에서만 자신들의 행운으로부터 이득을 누리게 되는 셈이다.

3장   공정으로서의 정의와 정의의 두 원칙

결과적 정의관과 절차적 정의관

일반적으로 정의를 바라보는 시각, 혹은 해석하는 관점에는 크게 두 가지가 있다. 그중 한 가지는 전통적 정의관을 대변하는 관점으로서 '결과적 정의관consequential conception of justice'이라 할 수 있다. 이는 어떤 절차나 과정을 거쳤든 간에 현재 이루어진 분배 방식 자체를 두고 정의 여부를 평가하려는 관점이다. 다른 한 가지 정의관은 최종적으로 도달한 결과보다 어떤 과정이나 절차를 거쳐 거기에 이르렀는지를 평가하려는 관점으로서 '절차적 정의관procedural conception of justice'이라 할 수 있다. 이는 민주주의가 절차를 중시한다는 점에서 민주정치와 잘 어울리는 현대적 정의관이라 할 수 있다.

결과적 정의관은 다시 어떤 기준으로 정의 여부를 평가하느냐에 따라 평등주의적 정의관과 차등주의적 정의관으로 나누어지기도 하고, '각자에게 그의 능력 또는 필요에 따라서'와 같이 일정한 분배 양식을 제시하는 경우처럼 정형적patterned 정의관과 특정 형태를 제시하지 않는 비정형적non-patterned 정의관 등으로 나눌 수도 있다.

절차적 정의관의 경우에 있어서도 롤스가 분류하듯 정의의 기준이 이미 정해져 있고 그러한 기준에 이를 수 있는 절차도 분명히 존재할 경우는 '완전한 절차적 정의per-fect procedural justice'라 하고 정의의 기준은 분명히 결정되어 있으나 그러한 기준에 이르는 절차는 다소 애매한—형사재판과 같은—경우는 '불완전한 절차적 정의imperfect procedural justice'라 할 수 있다. 끝으로 정의의 기준은 정해져 있지 않으나 공정한 절차가 분명해서 그런 절차를 제대로 따를 경우 도달된 결과가 어떤 것이건 간에 정의롭다고 할 수 있는 '순수 절차적 정의pure procedural justice'가 있는데, 도박이나 운동경기 등이 이에 속한다 할 수 있다(《정의론》, 135쪽).

롤스는 그의 첫 논문 〈공정으로서의 정의Justice as Fair-ness〉에서부터 일관되게 자신의 정의관이 '공정으로서의 정의', 다시 말하면 정의를 공정으로 이해하고 그렇게 해석한다는 것을 분명히 함으로써 자신이 절차적 정의론자임을 천명했다. 다시 말해 롤스는 정의의 기준이 미리 단일하게 결정되어 있어서, 발견discover의 대상으로 존재하는 것이라 생각지 않는다. 롤스가 자신을 계약론자라 생각하듯 그는 계약 당사자들이 공정한 절차에 의거해서 합의를 통해 구성constitute되는 것이 정의의 기준이라 생각한다.

또한 롤스는 자신의 절차적 정의관이 위에서 언급된 분류 방식에 따를 경우 순수 절차적 정의관에 해당한다고 생각한다. 그에 따르면 정의의 기준은 선험적으로 존재하는 것이 아니라 합리적 인간들이 공정한 절차를 거쳐 합의에 의해 도출되는 것이다. 여기에서 가장 중요한 일은 '정의의 원칙'을 도출할 수 있는 공정한 절차를 어떻게 구성할 것인가이다.

정의론의 정당화와 계약론적 전통

일반적으로 철학자들이 가장 신경 쓰는 일은 자신이 제시한 이론이나 원칙을 정당화justification하는 것이다. 전통적으로 많이 활용되어온 정당화의 방식 중 하나는 이론이나 원칙이 구체적인 경험이나 사실에 의거해서 입증되는 경험과학적 방식이다. 또 다른 하나는 이론이나 원칙이 자명한 진리로부터 연역적으로 도출된 원칙이나 그 체계임이 입증될 경우이다. 롤스는 다소 직관주의적인 두 번째 방식에 의거해서 자신의 정의론에 대한 정당화를 시도하고 있는 것으로 보인다.

롤스는 자신의 정의론이 스피노자가 윤리학에 기대했던 것과 같이 일종의 도덕 기하학moral geometry이 되기를 바랐던 것으로 생각된다.[1] 기하학이란 주지하다시피 몇 개의 자명한 진리인 공리axiom, 公理로부터 연역적으로 도출된 정리theorem, 定理의 체계라 할 수 있다. 물론 인간사를 다루는

---

1 스피노자의 《에티카》의 원제는 《기하학적 질서로 증명된 윤리학Ethica, ordine geometrico demonstrata》이다.

정의론이 추상적 세계를 다루는 기하학과 같이 완벽한 연역 체계이기를 기대하기는 어려울지도 모른다. 그러나 적어도 이념적으로 유사 연역적인 도덕 기하학을 구성할 수 있다면 많은 사람들을 설득시킬 수 있는 정의론을 제시하는 데 성공하는 셈이다(《정의론》, 176쪽).

롤스는 전통적인 직관주의자들처럼 자명한 진리를 전제할 만큼 야심적이지도 않다. 단지 정의에 대해 무시할 수 없는 우리의 숙고된 판단들considered judgment이 있고, 그것들을 대변함으로써 도출됨직한 정의의 원칙이 있을 수 있다. 그러나 숙고된 판단과 정의의 원칙은 서로 참조하고 견주어가면서 상호 조정하는 과정을 거쳐 드디어 반성적 평형reflective equilibrium에 이른다. 반성적 평형이란 "이쪽저쪽을 맞추면서 때로는 계약적 상황의 조건들을 변경하기도 하고, 때로는 우리의 판단을 철회하거나 그것을 원칙들에 따라 조정하기도 하면서 (…) 합당한 조건들을 표현해주면서도 정리되고 조정된 우리의 숙고 판단에도 부합하는 원칙을 찾는 방법론"이다(《정의론》, 56쪽).

롤스의 구성주의적 정의론에서 구성의 전제가 되는 요소들을 하나로 묶는 개념을 원초적 입장original position이라

한다. 모든 사람이 공정하게 대우받는 원초적 입장에서 모두가 합의할 수 있는 원칙이 있다면 그것이 바로 정의의 원칙이라 할 수 있다는 것이다(《정의론》, 45쪽). 이러한 입장으로부터 당사자들이 합리적 논의와 논증을 거쳐 일정한 원칙에 합의하게 될 경우 그것이 바로 정의의 원칙이며 또한 정의론의 결론에 해당한다고 할 수 있다. 정의의 기준이 당사자들의 합의 이전에 존재하는 것이 아니라 공정한 절차에 의거해서 당사자들이 합의한 결과가 바로 정의의 원칙(순수 절차적 정의)이기 때문이다. 이런 의미에서 롤스는 전통적 정의론자들이 대체로 결과주의적 정의관을 고수하고 있는 점과 입장을 달리하며 좀 더 현대적인 정의관을 제시하고 있다고 할 수 있다.

원초적 입장과 무지의 베일

서구 윤리학사에서 근세 이후의 전통은 크게 두 가지 흐름으로 정리될 수 있다. 그중 하나는 중세의 신 중심적 세계관에 저항하는 가운데 현세를 긍정하면서 행복한 인생을 중시하는 공리주의적^{Utilitarianism} 전통이다. 여기에서 중요한 것은 개인의 행복이 아니라 다수의 행복이며, 그런 점에서 "최대 다수의 최대 행복"을 정치적 구호로 내세웠고 윤리적으로도 내면적 의도나 동기보다 최종적으로 도달하거나 성취된 결과를 중요시한다는 점에서 결과주의적 윤리설을 대변한다고 할 수 있다.

공리주의만큼 체계적으로 논의되어온 것은 아니나 근세 사조라 할 만한 또 하나의 윤리적 전통은 계약론적^{Contrac-tarianism} 전통이다. 이는 자연권^{natural right} 전통에서 유래한 것으로서 윤리나 도덕을 개인들 간의 합리적 논의나 합의의 산물로 보려는 것이다. 롤스의 정의론은 당대에 주류를 이루고 있던 공리주의적 윤리설과 그 함축을 비판적으로 검토하면서 계약론적 전통을 발전시키는 가운데 대안적 입장을 모색한 결과라 할 수 있다.

롤스는 "노예제는 언제나 부정의한 것"이라 단정하면서 "모든 사람은 전체 사회의 복지라는 명분으로도 유린될 수 없는 정의에 입각한 불가침성inviolability을 갖는다. (…) 그러므로 정의로운 사회에서는 평등한 시민적 자유란 이미 보장된 것으로 간주되며, 따라서 정의에 의해 보장된 권리들은 어떠한 정치적 거래나 사회적 이득의 계산에도 좌우되지 않는 것이다"라고 말한다(《정의론》, 36쪽). 여기서 우리는 권리론적 입장에 서서 자본주의적 발상을 지지하는 공리주의에 정면으로 도전장을 내미는 롤스 정의론의 기본을 읽을 수 있다.

롤스는 자신의 정의론을 처음으로 선보인 논문 〈공정으로서의 정의〉에서부터 자신의 정의관이 계약론적인 방법론 위에(《정의론》, 58, 749쪽) 서 있음을 분명히 하고 있다. 정의가 계약 당사자들 간 합의의 산물이기 위해서는 계약 조건이 공정해야 하며, 그 계약 조건에 따라 합의된 결과 또한 공정하고 정의로운 것이어야 한다. 이제 문제는 모두가 동의할 수 있는 공정한 절차를 구성하는 일이다. 물론 여기에서 문제되는 것은 도덕 문제 전반에 대한 합의나 계약을 끌어내는 것이 아니라 정의라는 좀 더 제한적 주제에 대해 합의를 도출하는 것이다. 앞에서도 설명했듯이 롤스는 이 같은 입장을 '원초적 입장'이라 불렀다. 이제 롤스를 따라 정의를 도출하고 합의하는 공정한 입장을 '원초적 입장'이라 부르기로 하자(《정의론》, 46쪽).

원초적 입장은 정의에 대해 합의하게 될 계약 당사자가 갖추어야 할 공정한 자격 요건이다. 누구든 이 같은 조건을 구비하게 되면 정의의 원칙을 도출하는 도덕적 프로젝트에 참여할 수 있게 된다. 이와 같이 계약 당사자가 반드시 갖추어야 할 자격 요건으로서 롤스는 크게 두 가지를 내세운다. 하나는 당사자들이 알아야 할 것과 몰라야 할 것을 규정하는 인지적cognitive 조건이며, 다른 하나는 계약 당사자들이 갖추어야 할 인성이나 심리적인 조건, 즉 동기적motivative 조건이다.

인지적 조건은 흔히 '무지의 베일'(48쪽 각주 참조)로 알려진 조건으로서 의사 결정자의 공평무사함을 보장하며 당사자들 간의 합의가 결렬되지 않고 적절한 수준에서 가능하게 하기 위한 조건이다. 이는 우리가 일상에서 합의를 도출하려 할 때 대립하는 쌍방에게 사심을 버리고 제3자적 입장에 서보도록 종용할 경우에 권유하는 방법이다. 희랍 신화에서는 정의의 여신이 눈먼 맹인으로 묘사되는데, 정의를 판정할 경우 대립하는 쌍방에 대해 판정자가 친소 관계에서 벗어나 있어야 한다는 점에 있어서 비슷한 발상을 보이는 것이다.

계약 당사자가 갖추어야 할 동기적 조건은 당사자들이 합리적인 심성을 가진 자임을 전제한다. 여기에서 말하는 합리성은 일반적으로 사회과학에서 통용되는 타산적 합리성이긴 하나 롤스의 용어법에는 다소 특징적인 점들이 있다. 우선 합리적 당사자들은 자신의 이해관계에 관심을 갖고서 그것을 증진하고자 하며, 타인의 이해관계에 대해서는 동정과 같은 적극적 관심도 없고 시기심과 같은 부정적 관심도 없는, 그야말로 상호 무관심한 합리성mutually disinterested rationality이다. 그렇다고 해서 당사자들이 지나치게 이기적인 존재self-interested라고 가정할 필요는 없다는 점을 첨언하고 있다(《정의론》, 48쪽).

결국 원초적 입장에 서 있는 공정한 계약 당사자들은 무지의 베일을 쓰고 있는 상호 무관심한 합리적 당사자들이라 잠정적으로 규정할 수 있다. 문제는 무지의 베일이라는 인지적 조건에 대한 논의가 더욱 필요하다는 점이다. 무엇을 알아야 하고 무엇을 몰라야 하는지 무지의 베일과 관련된 베일의 두께를 규정하는 일이 좀 더 상세하게 논의될 필요가 있다. 사실상 공리주의자들의 입장에서 보면 특정 행위나 제도가 어떤 효율성이 있는지를 알기 위해서는 어떤 사안에 대해 가능한 한 많이 알면 알수록 더욱 정확한 예측과 계산이 가능하다. 즉 공리주의자에게는 완벽한 지식이 요구되며 최상의 공리 계산자는 전지전능한 신적 존재라고도 할 수 있다.

그러나 롤스는 합의 당사자의 인지적 조건을 규정함에 있어서 공리주의와 길을 달리한다. 롤스는 정의의 원칙을 선택함에 있어서 관련 당사자들이 모든 이에게 공정하고 공평한 원칙을 선택하기 위해 각자에게 유리하거나 불리하게 작용할 천부적 재능natural ability이나 사회적 지위social status에 대한 지식을 무지의 베일을 통해 배제한다. 이 같은 지식들은 불공평한 원칙을 선택하게 할 뿐만 아니라 당사자들이 일정한 원칙에 합의하는 일에도 방해가 되기 때문이다.

또한 공정한 정의의 원칙을 선택하는 데 방해가 될 뿐만 아니라 당사자 간의 합의 자체에 걸림돌이 되는 것은 각자가 갖는 가치관conception of the good의 다양성이다. 근세 이후 자유주의가 일반화되면서 국가의 강제가 배제될 경우의 가치 다원주의value pluralism는 불가피한 사회적 사실social fact이 됐다. 그러나 이 같은 가치관의 다원성은 그 자체로서 소중한 것이긴 하나 정의의 원칙에 대한 합의를 도출할 때에는 배제될 필요가 있다. 각자 자신의 가치관에 유리한 정의 원칙을 고집할 경우 합의는 결렬될 수밖에 없고 공평한 원칙의 선택이 불가능할 것이기 때문이다(《정의론》, 195~196쪽).

　더 나아가 무지의 베일에 의해 배제될 필요가 있는 지식 중 하나는 당사자들의 소속 세대와 관련된 정보이다. 분배적 정의의 문제는 당대인들 간에도 제기되지만 세대 간에도 자원 소비와 비축을 두고 제기될 수 있으며 이를 세대 간 정의justice between generations의 문제라 부르기도 한다. 우리는 부족한 재화나 자원을 우리 세대에 속하는 당대인들 간에도 정의롭게 배분해야 하겠지만 선행 세대와 후속 세대 간에도 자원 저축률saving rate을 두고 갈등이 생겨날 수 있기 때문이다(《정의론》, 184, 379쪽).

위에서 논의해온 바와 같이 배분의 문제를 조정해줄 정의의 원칙을 선택함에 있어 공평성을 보증하고 적절한 합의의 도출이 가능하도록 인지적 조건을 조정해줄 무지의 베일의 기능은 긴요하다고 할 수 있다. 그러나 롤스는 공평성을 위해 배제할 지식이 아니라면 인간사와 관련된 갖가지 일반적 지식은 좀 더 현실성 있는 정의의 원칙을 선택함에 있어서 허용되어야 한다고 본다. 이를테면 인간 심리의 일반 원칙이나 사회·경제적인 일반 법칙 등등의 일반적 지식은 더욱 현실성 있는 정의 원칙의 선택에 있어서 요긴하다는 생각이다. 물론 무지의 베일이 어느 정도의 지식을 허용하고 어느 수준의 지식을 배제할 것인지, 즉 베일의 두께depth와 관련해서는 학자들 간에 이견이 있음도 주목할 필요가 있다.

지금까지 우리는 원초적 입장의 계약 당사자들이 갖추어야 할 자격 요건 두 가지를 살펴보았다. 요약해서 정리하면 원초적 입장의 당사자들은 상호 무관심하지만 자신의 이득을 최대한 확보하고자 하는 합리적 개인들이다. 이들은 적절한 두께의 무지의 베일을 쓴 채로 공정하고 공평한 정의의 원칙에 합의할 용의를 가진 사람들이라 할 수 있다. 그런데 이들이 합의하고자 하는 원칙이 분배적 정의의 원칙이므로 다음에 우리가 논의해야 할 내용은 이들이 어떤 내용물의 분배에 관심을 갖는가이다.

정의 원칙 논변의 몇 가지 전제들

공정한 자격 조건을 갖춘 계약 당사자들이 일정한 정의의 원칙에 합의하기 위해 모였다고 가정해보자. 그들이 합의하고자 하는 정의의 원칙은 분배적 정의의 원칙이다. 그러면 그들은 무엇을 배분하고 나누는 문제로 고민하게 되는가. 롤스는 그들이 나누고자 하는 것을 '사회적 기본가치social primary goods'라 부른다. 이는 각 당사자가 비록 다양한 인생관과 가치관을 가지고 서로 다른 인생을 꿈꾼다 할지라도 기본적으로 필요한 가치들이라 할 수 있다. 그것은 경제적 가치뿐 아니라 인간다운 삶을 위해 반드시 요구되는 가치라 할 수 있다.

롤스는 사회적 기본 가치로서 자유, 권리, 기회, 소득, 부, 권력 등의 목록을 제시하고 이것들을 인간으로서 자존심을 지키기 위해 필요하며 다양한 인생의 목표 실현을 위해 요구되는 수단적 가치들이라 설명한다. 우리가 행복 그 자체를 곧바로 나누기는 어렵겠지만 행복을 추구하는 다양한 인생관을 실현하는 데 기본적으로 필요한 가치들을 나눌 수는 있을 것이다. 그리고 우리는 이 같은 수단적 가치들을 가능한 한 많이 확보하고자 하는 합리적 인간이기도 하다(《정의론》, 107~108쪽).

롤스는 자신이 제시한 정의의 원칙이 앞서 설명해온 원초적 입장의 조건들에 부합하는 유일한 선택임을 증명하고자 하며 이상적으로는 자신의 논증이 엄밀한 의미에서 연역적인 것이 되기를 바란다. 물론 그도 자신의 논증이 온전히 연역적인 것이 되지 못함을 인정한다. 따라서 원초적 입장의 조건들을 받아들이면서도 그 결론인 정의의 원칙 체계를 받아들일 수 없거나 그 역도 성립할 가능성을 생각하고 있기는 하다.

우리가 해야 할 일은 가능한 한 그것이 엄밀한 '도덕 기하학'이 되도록 힘쓰는 일이며 거의 연역적인 체계가 되도록 노력하는 일이다. "우리는 그 이름이 함축하고 있는 엄밀한 의미에서 일종의 도덕 기하학이 되도록 힘써야 한다. 불행히도 내가 전개하는 추론이 이에 크게 미치지 못하는 점이 있다면 그것은 전체적으로 지극히 직관적이기 때문이다. 그러나 우리가 성취하고자 하는 이상을 염두에 두는 것은 중요한 일이다."(《정의론》, 176쪽)

그렇다면 무지의 베일을 쓴 원초적 입장의 합리적 당사자들은 어떤 전략에 따라 정의로운 제도의 원칙들을 선택하게 될 것인가? 현대 의사 결정론decision making theory의 용어법에 비추어볼 때 원초적 입장에서의 선택은 불확실한 상황 아래서의 선택이다. 왜냐하면 당사자들은 그들이 채택할 어떤 특정 사회 체제 아래에서 자신의 개인적인 처지가 어떻게 될 것인지 알지 못하고 있기 때문이다.

이처럼 불확실한 상황에서 합리적인 인간들이 따르게 될 결정 규칙에 대해서는 일반적으로 의견을 달리하는 두 가지 입장이 있다. 하나는 '최소 극대화maximin' 원리를 내세우는 입장으로서 불확실한 상황 속에서 합리적 개인들은 가능한 대안들 중 각각이 초래할 최악의 결과들minimorum을 비교한 뒤 그중에서 가장 나은, 다시 말해 가장 다행스러운maximum 결과를 보장한다고 생각되는 대안을 선택하게 된다는 것이다. 롤스는 원초적 입장에서 합리적 개인들이 바로 이 같은 다소 비관적이고 보수적인 규칙에 따라 결정하게 된다고 생각한다(《정의론》, 215~220쪽).

롤스가 비판의 대상으로 삼고 있는 다른 하나의 결정 규칙은 기대효용 극대화maximization of expected utility의 원칙으로서 이는 불확실한 상황에서 합리적 개인들의 평균 효용이 가장 큰 것을 선택한다는 입장이다. 이는 최소 극대화 전략과 대비해서 '최대 극대화maximax' 전략이라고 할 수 있으며 미래에 대한 낙관적인 전망을 가지고 선택하는 규칙으로서 대체로 공리주의자들이 선호하는 입장이다. 롤스와 일부 공리주의자들 간에는 이 같은 선택 전략을 두고 여러 가지 논쟁을 벌인 바 있다.

롤스는 최소 극대화 전략이 모든 선택 상황에 적용된다고 주장하거나 그것이 자명한 원칙이라고 생각하지는 않는다. 그럼에도 최소 극대화 전략을 채택하게 되는 까닭은 그 상황이 갖는 몇 가지 특성 때문이다. 특히 중요한 한 가지는 그것이 무지의 베일에 의해 미래에 대한 모든 확률 계산적 근거가 가려져 있어 기대 효용 극대화의 규칙과 관련된 전략이 무용하다는 점이다. 또한 원초적 입장에서의 결정은 한 가정의 가장이 선택하는 상황과 같은데, 심각하고도 최종적인 한 번의 선택으로 자신을 포함한 자손만대의 장래를 결정하는 위험부담 때문에 신중하고도 보수적인 결정이 불가피해진다는 것이다.

그러나 사실상 이 문제는 단지 합리적 의사 결정 전략을 선택하는 문제를 넘어 최소 수혜자를 포함한 모든 인간이 인간으로서 품위 있는 삶을 보장받는다는 롤스 나름의 정의감과 연계된 문제이기도 하다는 점에 주목할 필요가 있다(《정의론》, 399, 421쪽).

롤스는 자신이 규정한 원초적 입장에서 상호 무관심한 합리적 당사자들이 무지의 베일을 쓰고 사회적인 기본 가치—자유, 기회, 권력, 소득, 부, 자존심의 기반—의 분배 원칙을 정할 때 우선 평등equality에서 시작하리라고 생각한다. 원초적 입장에 있는 당사자들의 관점에서 볼 때 그들은 무지의 베일로 인해서 자신을 위해 어떤 특정한 이익을 취할 방도가 없기 때문이다.

또한 그들은 자신의 이익을 추구하는 합리적인 존재인 까닭에 자신에게 미칠지 모르는 특정 손해를 그대로 묵과할 이유도 없다. 따라서 그들이 사회의 기본 가치를 분배하는 데 있어 동등한 몫 이상을 기대한다는 것은 부당하며 동등한 몫보다 적은 것에 합의한다는 것도 불합리하다. 그러므로 그들이 택할 수 있는 현명한 길은 평등한 분배를 요구하는 원칙을 정의의 원칙으로 받아들이는 일이라는 것이다.

그러나 롤스는 원초적 입장의 합리적 인간들이 이런 단순한 평등의 원칙을 최종적인 것으로 받아들일 이유가 없다고 말한다. 왜냐하면 사회 체제 내에 어떤 불평등을 용납했을 때 모든 사람의 처지를 보다 개선해줄 수 있는 경우라면 그러한 불평등을 허용하지 않을 근거가 없기 때문이다. 당사자들은 평등한 분배가 주는 당장의 이득보다는 미래에 돌아올 더 큰 보상을 생각하여 투자할 수 있는 합리적 인간인 것이다.

게다가 롤스는 원초적 입장의 당사자들이 갖는 합리성을 규정함에 있어서 타인과의 상대적 비교만으로 기가 죽거나 낙담하는 시기심을 배제하기 때문에 그들은 조건부 불평등을 허용하는 차등의 원칙difference principle에 합의하게 된다. 여기에서 정당화의 조건은 최소 수혜자뿐 아니라 사회의 모든 성원들에게 이득이 될 것으로 예견되며, 그렇지 않을 경우 다시 평등 분배의 원칙으로 회귀하게 된다 (《정의론》, 20~22쪽).

이상과 같은 추론의 과정을 통해서 우선 롤스가 도달하게 된 정의 원칙의 일반적 모형, 즉 이른바 일반적 정의관 general conception of justice은 다음과 같은 형식으로 표현된다.

"모든 사회적 가치들—자유, 기회, 소득, 재산 및 자존감의 기반—은 이들 가치의 전부 또는 일부의 불평등한 분배가 모든 사람에게 이득이 되지 않는 한 평등하게 분배되어야 한다."(《정의론》, 107쪽)

논증으로 도출된 정의의 두 원칙

롤스는 이상과 같이 정식화된 일반적 정의관에 만족하지 않고 이보다 더 특수하게 규정되는 정의의 두 원칙, 즉 특수한 정의관special conception of justice으로 나아가고자 한다. 왜냐하면 불평등의 종류에 대해 아무런 제한이 가해지지 않고 기본 가치들 간의 상호 교환에 아무런 제약이 없는 일반적 정의관에 따를 경우 더 적은 자유가 더 큰 경제적 가치에 의해 보상될 수 있으며, 이는 결국 노예 제도와 같은 부정의한 제도가 정당화될 여지가 있음을 의미하기 때문이다. 이러한 사태를 극복하기 위해서는 사회적 기본 가치들 간의 우선순위 문제에 주목하고 그러한 문제를 처리할 수 있는 원칙들을 찾아야 한다.

두 개의 원칙으로 구성되는 특수한 정의관은 바로 그러한 추론 과정 속에서 나온 것이다. 원초적 입장에서 당사자들이 최종적으로 채택하게 될 정의의 두 원칙은 다음과 같은 형식으로 표현된다.

제1원칙 : 평등한 자유의 원칙 principle of equal liberty

각자는 다른 사람들의 유사한 자유 체계와 양립할 수 있는 평등한 기본적 자유의 가장 광범위한 체계에 대해 평등한 권리를 가져야 한다.

제2원칙 : 차등의 원칙 difference principle

사회적·경제적 불평등은 다음과 같은 두 조건을 만족시키도록 편성되어야 한다.

(a) 정의로운 저축 원칙과 양립하면서 최소 수혜자에게 최대의 이득이 되고,

(b) 공정한 기회 균등의 조건 아래 모든 사람들에게 개방된 직책과 직위가 결부되어야 한다.

정의의 두 원칙은 세 가지 특수한 주장으로 구성되어 있는데, 각각의 주장은 확률 계산의 전략보다는 최소 극대화의 원칙에 의거하고 있다. 첫 번째 주장은 경제적 이득보다 자유 우선의 원칙이요, 두 번째 주장은 제2원칙 (a)에 표현된 좁은 의미의 차등의 원칙이며, 세 번째 주장은 제2원칙

(b)를 이루는 공정한 기회^{fair opportunity}의 원칙이다.

롤스는 두 원칙 혹은 세 주장들 간에는 헌법 조문들에서처럼 축차적인^{lexicographical} 우선 서열이 있다고 설명한다. 즉, 제1원칙은 제2원칙에 우선하고 다시 제2원칙은 그 후반부가 전반부에 우선하며 나아가서 이러한 제2원칙은 효율성^{efficiency}이나 공리^{utility}의 원칙보다 우선적으로 적용되어야 한다는 것이다(《정의론》, 213~215쪽).

우선 여기에서 문제되는 것은 일반적 정의관과 특수한 정의관과의 관계이다. 가장 중요한 대목은 바로 자유라는 기본 가치에 관한 것이다. 일반적 정의관에 있어서 자유는 단지 여러 기본 가치들 가운데 하나였으며 차등의 원칙에 따라 처리될 수 있어 더 큰 경제적 반대급부에 의해 희생될 여지가 있었다. 그러나 정의의 두 원칙에 따르면 자유가 다른 기본적 가치들에 비해 우선적 지위를 차지하게 되며, 이때 요구되는 자유는 만민의 평등한 자유, 가장 광범위하고 가능한 한 최대의 자유이다.

그렇다면 원초적 입장에 있는 합리적 선택자들은 어떤 근거로 자유에 더 우선적인 비중을 둘 것인가? 즉 차등의 원칙에 기반을 둔 불평등한 분배가 그들 모두에게 경제적 이득이 될 수 있음에도 불구하고 평등한 자유를 주장할 수 있을 것인가? 이에 대한 롤스의 논거는 원초적 입장에서 당사자들에게 허용되는 일반적 지식, 특히 인간 심리의 일반적 법칙에 기초를 둔다는 데 있다. 이는 인간의 현실에 합당한 정의의 원칙을 선택할 수 있도록 무지의 베일이 용납한 지식이라 할 수 있다.

물론 롤스도 합리적 개인들이 언제나 정의의 두 원칙을 택하리라고 생각하지는 않는다. 당사자들은 자신의 기본적 자유가 효과적으로 발휘될 수 있는 유리한 조건 아래에서라면 경제적 복지의 개선 때문에 자유의 희생을 감행하지 않을 것이다. 합리적 인간들은 가능한 한 자신의 욕구를 최대한 실현하고자 하며 그들이 바라는 바를 성취할 수 있는 기회를 극대화하고자 하기 때문이다. 그런데 물질적 부의 증가는 일정 수준 이상의 욕구 충족을 위한 기회를 그다지 증가시키지 못하는 반면 자유의 증가는 그러한 기회를 증대시켜줄 수 있다. 따라서 어느 정도 물질적 생활을 향유한다고 할 때, 자유 우선의 원칙을 택한다는 것은 합리적 처사라 할 수 있다는 것이다. 결국 롤스의 두 정의관은 사회의 경제 발전 과정에 있어 서로 다른 단계에 적용되는 것으로서 혹자의 비판처럼 롤스의 정의관이 전혀 비역사적인unhistorical 것이라고만 볼 수는 없을 것이다.

롤스는 이러한 자유의 절대적 우선성을 특히 원초적 입장의 계약 당사자들이 다른 그 무엇에 의해서도 희생하기를 원치 않는 종교적·도덕적 관심과 신념을 가질 수 있다는 전제에서 도출하고자 한다. 이러한 관심과 신념을 가질 자유는 가장 중요한 양심의 자유freedom of conscience로서 이 것이 어떤 경제적·사회적 이득을 명분으로 해서도 제한될 수 없음은 우리의 숙고된 판단에 있어서 고정점 중의 하나라는 것이다(《정의론》, 280~282쪽).

롤스는 다른 기본적 자유도 양심의 자유를 일반화함으로써 해결하고자 한다. 기본적인 물질적 욕구가 어느 정도 충족되면 물질적 이득에 대한 관심보다 자유에 대한 관심이 상대적으로 더욱 중요해지므로 자유의 절대적 우선성이 성립할 수 있다는 것이다. 결국 롤스는 경제적·사회적 가치의 한계 효용은 감소하는 반면 자유의 한계 가치는 점증한다고 보며 이 두 한계 효용이 교차하는 지점에서부터 자유 우선을 요구하는 특수한 정의관이 적용된다고 생각하는 것이다.

당사자들이 자유 우선의 원칙뿐만 아니라 자유의 평등한 분배를 택하는 또 하나의 이유로서 롤스는 '자존감 self-respect'이라는 기본 가치의 중요성을 내세운다. 자존감이 밑받침되지 않고는 어떤 인생 계획도 만족스러운 것이 될 수 없다. 사람들은 동료들이 자신을 지극히 낮게 평가할 경우 자존감 상실을 경험하게 되는데, 그러한 자존감을 보장해주는 적합한 조건은 '평등한 자유'를 소유하는 데 있다고 롤스는 생각한다. 시민권을 포함한 기본권에 있어서 동등한 지위를 누릴 경우 사람들은 비록 다소간의 물질적 불평등에도 불구하고, 자존감에 대한 동등한 기반을 잃지 않게 된다는 것이 롤스의 생각이다.

또 한 가지 중요한 논점은 차등의 원칙과 관련된 것이다. 이미 언급했듯 단순한 평등보다 차등이 허용됨으로써 더 큰 이득을 얻게 되리라는 전제 아래 차등의 원칙에 합의하는 것은 일반적으로 합리적 개인의 처사이다. 이러한 차등의 원칙이 채택될 경우 실질적인 이득을 보는 대상은 그 사회의 최소 수혜자 집단이 될 것이다. 왜냐하면 더 유리한 위치에 있는 사람들은 차등의 원칙이 지배하는 사회 체제 내에서는 자유경쟁 체제에서보다 작은 몫을 받게 될 것이며, 따라서 어떤 의미에서는 다른 사람의 더 큰 몫을 위해 더 작은 몫을 강요받게 되는 셈이기 때문이다(《정의론》, 111~113쪽). 롤스는 이와 같이 유리한 조건에 있는 사람들도 차등의 원칙을 바탕으로 하는 사회 제체에 기꺼이 호응할 근거가 있다고 말한다. 롤스는 그 근거를 타산적인 합리성 rationality에서 찾기보다는 인간의 더욱 큰 합리성 reasonableness 혹은 합당성合當性에서 찾는다. 인간의 도덕성이나 정의감 등은 바로 이 같은 인간의 뿌리 깊은 합당성에 근거하고 있다는 것이다(104쪽 '보론 2' 참조).

롤스에 의하면 이미 유리한 처지에 있는 사람들에게 분명히 말할 수 있는 것은, 각자의 행복은 사회 협동 체제에 달려 있으며 그것이 없이는 아무도 만족스러운 인생을 영위할 수 없다는 점이다. 사람들은 체제의 조건들이 정당할 경우에만, 다시 말해 차등의 원칙 같은 공정한 근거를 바탕으로 해서만 타인의 자발적인 협동과 협력을 요구 또는 기대할 수 있다.

결국 이러한 생각의 배후에는 상호 이익의 증진을 위한 호혜적 reciprocal 제도로서 협동 체제의 효율성이 성원 개개인의 능력에 달려 있기는 하나 이러한 능력도 협동 체제의 테두리 안에서만 비로소 발휘될 수 있다는 생각이 깔려 있다. 이렇게 볼 때 협동 체제 내에서 발생하는 이득은 모든 성원이 권리를 갖는 공동의 산물이다. 결국 롤스는 사회적 지위나 자연적 능력의 배분이 공동의 자산으로서 간주되어야 하며, 과다한 몫을 요구하는 것은 도덕적 관점에서 볼 때 정당한 근거가 없다는 결론에 이른다.

이와 관련해서 공정한 기회 균등의 원칙에 대한 롤스의 해명도 유사한 방식으로 이해될 수 있을 것이다. 적어도 그가 의도하고 있는 이 원칙은 재능 있는 사람이면 출세할 수 있다는 식의 일반적인 자유경쟁의 원칙이 될 수 없다. 자유경쟁은 도덕적 관점에서 볼 때 임의적인 것으로서 천부적 재능과 사회적 지위의 영향이 자유방임된 채 오랜 누적적 결과를 바탕으로 하고 있으며 이는 원천적인 부정의이기 때문이다. 즉 소득과 부의 분배가 역사적·사회적 행운에 의해 이루어지는 것을 허용할 이유가 없듯 천부적 재능을 배분함으로써 소득과 부의 분배가 이루어지는 것도 허용할 이유가 없다는 것이다.

물론 가족 제도가 존속하는 한 기회 균등의 원칙이 완벽히 실현될 것을 기대하기 어려우나 사회적 출신이나 지위에 상관없이 모든 직위는 개방되어야 하고 차등의 원칙에 의해 자연적 불평등을 보상함으로써 가능한 한 도덕적 관점에서 볼 때 자의적인 요인의 영향을 최대한 감소시켜야 한다는 것이다.

지금까지 제시된 롤스의 정의관을 정리해보자.

우선 정의의 제1원칙은 자유 우선성의 원칙에 의해 규제되는 자유주의적liberal 이념에 의해 특징지어진다. 사회정의의 두 원칙은 기본적 자유가 오직 자유에 의해서만 제약될 뿐 어떠한 경제적 이득과도 교환될 수 없으며, 자유를 유린하는 행위는 타인이 향유할 더 큰 선善이나 가치를 제한하므로 정당화될 수 없다는 명백한 자유주의를 내세우고 있다.

이미 언급한 바와 같이 인권을 유린하는 최악의 사례로서 노예제의 허용 가능성을 결정적으로 봉쇄하지 못한다는 공리주의에 대한 비판을 통해 롤스는 노예제가 부정의하다고 규정한다. 이에 따라 구성원은 복지라는 명분으로도 유린될 수 없는 정의에 입각한 불가침성을 지닌다. 결국 정의로운 사회에서는 이러한 기본권이 더 이상 정치적 흥정이나 사회적 이득의 계산에 희생되어서는 안 된다는 직관적 기본 신념을 롤스는 분명히 못 박고 있는 셈이다.

롤스의 정의관은 또한 차등의 원칙이 표현하고 있듯이 강력한 평등주의적egalitarian 경향에 의해 규정된다. 즉 사회·경제적 불평등이 그 사회에서 가장 불리한 처지에 놓인 사람들, 즉 최소 수혜자의 이득을 증진시키지 않으므로 모든 기회가 평등하게 배분되어야 한다는 것이다. 또한 앞서도 지적된 바와 같이 이러한 차등 원칙의 배후에는 자연적 재능이 그 자체로서 아무런 도덕적 가치를 갖지 못하며 인류 공동의 자산으로 간주됨으로써 오히려 그러한 자연적 불평등은 사회 정의의 원칙에 의해 수정되고 보상되어야 한다는 생각이 깔려 있다.

주지하다시피 전통적 사회계약론자들은 정치 영역에서는 혁신적인 사상을 제시하고 있기는 하나 사회·경제적인 차원에서는 대체로 보수주의자들로 남아 있었다. 그러나 롤스는 평등의 이념을 사회·경제적 구조의 차원으로 확대함으로써 전통적 자유주의자들의 공허한 자유를 현실화했을 뿐만 아니라 노직 등과 같은 자유지상주의와도 길을 달리하며 복지국가에 대한 강력한 이론적 근거를 제시했다.

그러나 온전히 평등한 자유를 요구하는 제1원칙과 사

회·경제적 가치의 배분에 있어서 불평등이 정당화될 수 있는 제2원칙 간의 양립 불가능성을 지적하는 이들도 있음에 주의해야 한다. 자유 이념과 평등 이념 간의 조정은 결국 현대 정치철학에서 가장 핵심적인 과제이며, 롤스의 조정안도 극단적인 자유주의나 극단적인 평등주의의 요구에 미치지 못하고 있음은 분명하다. 그럼에도 모든 요구를 동시에 만족시키는 대안을 구성하는 것이 불가능하다면 이를 가장 조화롭게 조정하는 대안의 선택은 불가피한 일이 아닌가.

인간의 조건과 정의의 여건

홉스의 자연 상태와 같이 극단적인 표현까지 할 필요가 없을지는 모르나 인간의 조건이나 형편은 무언가 일이 잘 풀리지 않는 어려운 여건에 처해 있는 듯하다. 인간의 욕구는 다양하고 욕망은 무한한 데 비해 이를 충족시킬 자원은 부족하고 더욱이 그것을 조정할 지식에 한계가 있기 때문일 것이다. 더 나아가 인간의 부족한 합리성과 제한된 동정심이 가세함으로써 인간의 상황은 도덕적으로 더욱 악화되지 않을 수 없는 실정이다.

하지만 이러한 조건은 근본적인 변혁을 기대하기 어려울지라도 인간의 노력을 통한 개선의 여지는 있다. 악조건을 개선하기 위해 인간은 과학의 발전을 통한 지식과 정보의 확대를 도모하고 협동을 위한 유기적 조직을 구성하며 행위에 대한 외적 강제로서 법체계를 세우기도 한다. 그러나 이러한 개선책들도 결국 행위의 내적 강제로서 선한 성향을 습득하게 하는 도덕규범에 의해 보완되어야 한다.

롤스는 이상과 같은 인간의 일반적 조건에서 더 나아가 '정의의 여건circumstances of justice'을 문제 삼고자 한다. 그에 의하면 정의의 여건이란 정의가 요구되는, 따라서 정의가 덕德, virtue이 되는 조건이다. 그것은 인간사회의 일반적 여건이긴 하나 인간의 협동을 가능하게 하고 동시에 필요하게 만드는 조건이다. 그래서 사회는 성원들의 상호 이익을 위한 협동체라 여겨진다. 만일 협동의 결과로서 획득한 소득의 분배 방식을 두고 이해가 충돌할 때 이를 조정해줄 규제 원칙이 바로 정의의 원칙이다(《정의론》, 182쪽).

일찍이 흄은 이 같은 정의의 여건이 자원의 부족과 인간의 이기심이라는 두 측면으로 이루어진다고 말했다. 그러나 흄은 자원의 부족이나 인간의 이기심을 언젠가 극복 가능한 조건이라 여김으로써 정의의 여건은 잠정적인 것이라 판단했다. 따라서 물적 자원이 더욱 풍족해지고 인간이 더더욱 이타적인 존재로 발전할 경우 정의의 여건은 더 이상 존재하지 않을 것이며, 그런 의미에서 정의는 과도적인 상황에서 잠정적으로 요구되는 치료적 덕목therapeutic virtue으로 간주했다.

그러나 롤스는 흄의 생각에 어느 정도 동조하면서도 정

의의 여건은 인간 존재의 항구적인 조건으로 생각했다. 자원의 부족 상태나 인간의 이기심이 극복되는 일도 쉬운 일이 아니며, 설사 그러한 두 가지 조건이 극복된다 할지라도 정의의 여건은 여전히 존속되어야 할 인간의 항구적인 덕목이라고 판단했다. 우선 롤스는 앞서 말한 두 가지 조건이 극복된다 할지라도 가치관conception of the good의 다원성을 무시할 수 없으므로 갈등 조정의 원칙이 요구될 수밖에 없다고 주장했다. 또한 인간의 합리성에도 한계가 있을 수밖에 없으며 나아가 가용한 정보의 제약 또한 넘어설 수 없기 때문에 갈등과 상충의 조정 원리가 요청된다. 결과적으로 롤스는 정의의 원칙은 인간사회에서 항구적으로 필수적이라는 주장에 이른다.

합리성과 합당성, 도덕적 관점

필자는 1980년 즈음 풀브라이트^{Fulbright} 펠로우 자격으로 하버드 대학에서 존 롤스 교수에게 1년간 지도받았다. 그 당시 하버드 대학 소식지에 롤스 교수가 《정의론》과 관련해 인터뷰한 기사가 전면에 사진과 더불어 실린 일이 있었다. 그중 지금도 기억나는 한 대목은 《정의론》 중 합리성과 관련된 질문에 대한 롤스의 대답이다.

롤스의 《정의론》에는 두 가지 합리성이 거론된다. 그중 하나가 '타산적 합리성^{rationality}'이라면 다른 하나는 '도덕적 합리성^{reasonableness}'이라 할 수 있다. 당시 롤스의 설명이 설득력이 있는 듯하므로 보완하는 차원에서 간단히 소개한다.

롤스에 따르면 이런 표현이 있다고 하면서 합리성의 두 가지 서로 구분되는 의미를 설명하고 있었다. "He is rational, but not reasonable." 이를테면 어떤 사람이 매우 타산적이어서 항상 더치페이를 고집한다면 그 사람은 타산적인 점에서 매우 합리적이지만 미국 사회의 관행이나 상식

혹은 윤리 도덕적인 관점에서 볼 때는 그다지 합리적이거나 합당하지 못한 사람이라 할 수 있다는 것이다. 다시 말하면 그 사람은 수단적, 타산적 측면에서는 합리적이나 양식이나 인간사회의 관행, 도덕적 관점에서는 그렇지 못하다는 것이다.

그렇다면 《정의론》에서 정의의 원칙을 도출하기 위한 전제들이라 할 수 있는 원초적 입장과 관련해 합리성을 이야기해보자. 원초적 입장의 계약 당사자들은 사회적 기본가치를 가능한 한 최대한 배정받기를 바라는 합리적인 사람들이다. 그들은 이 같은 수단적 가치를 최대한 확보하고자 하는 타산적 합리성을 가지고 분배 문제에 임하는 자들이라 할 수 있다.

그런데 문제는 애초에 일반인들이 정의의 원칙에 관심을 가지고 원초적 입장을 수용하여 무지의 베일을 쓸 만한 동기를 어디서 찾을 수 있는지 다시 질문해볼 필요가 있다. 특히 일상적 상황에서 기득권을 갖고서 좀 더 유리한 지위에 있는 자들이 손해를 볼지도 모르는 상황에서 무지의 베일을 쓰고 원초적 입장에 서야 할 이유가 무엇인지를 물어볼 필요가 있는 것이다.

적어도 이에 대한 대답은 타산적 합리성으로는 설명될 수 없음이 분명하다. 따라서 원초적 입장의 당사자가 행하는 선택을 설명하기 위해서는 두 가지 합리성 개념이 동원되어야 한다는 점이 분명해졌다. 하나는 무지의 베일을 쓰고 대안적 정의의 원칙들 중에서 선택하는 당사자는 타산적 합리성rationality에 의거해서 선택을 하는 셈이고, 일상적 상황에서 무지의 베일을 쓰고 원초적 입장에 서고자 할 경우는 또 다른 합리성, 즉 도덕적 합리성reasonableness에 의거해서 동기화된다고 할 수 있을 것이다. 물론 전자를 합리성合理性이라 하고 후자를 합당성合當性이라 번역할 수도 있을 것이다(《정의론》, 202쪽).

우리가 일상적 상황에서 우리 자신의 몫을 다소 줄이더라도 정의의 원칙이 무엇인가에 관심을 갖고 최소 수혜자를 배려하고자 할 때는 개인의 이해타산보다는 도덕적 관점과 정의감의 편에 서서 선택하는 셈이고, 일단 원초적 입장에 서서 여러 대안적 정의 원칙들 가운데 하나를 선택하고자 고민할 경우는 상호 무관심한 타산적 합리성의 관점에서 선택하는 것이다.

이 같은 구분은 일찍이 합리성을 두 가지로 나누어 생각한 막스 베버의 구분과 꼭 같지는 않지만 다소 유사한 점이 있다. 베버는 이를 각기 목적 합리성과 가치 합리성으로 나누어 생각했다.

4장 《정의론》을 깊이 읽기 위한 보충 논의

자유주의적 평등의 이념

정치철학적으로 롤스의 《정의론》이 갖는 실질적 내용을 평가하기 위해서는 그로부터 유래된 일차적이고도 가장 특징적인 변화로서 '자유주의적 이론 체계 속에 사회주의적 요구를 융합했다'는 점에 주목하는 것이 가장 좋은 출발점이라 생각된다. 롤스가 내세운 정의의 제1원칙, 즉 평등한 자유equal liberties의 원칙은 사상, 양심, 언론, 집회의 자유, 보통 선거의 자유, 공직 및 개인 재산을 소지할 자유 등 자유주의가 내세우는 가장 기본적인 자유들을 보장하는 것에 우선성을 두고 있다.

그런데 이러한 기본적인 자유의 목록들 가운데 뚜렷하게 제외되어 있는 부분에 우리는 주목할 필요가 있다. 그것은 자본주의 시장의 자유라 할 수 있는 것으로, 여기에는 생산재의 사유 및 생산물의 점유, 소유물의 상속 및 증여의 자유가 포함된다. 사실 기본적인 자유의 목록에서 이같은 요소를 배제한 것은 《정의론》의 과오나 비일관성이라기보다는 그것의 핵심적 주장 중 하나라 할 수 있다.

주지하다시피 롤스의 《정의론》은 방법론에 있어 근세 이후 지속되어온 계약론의 전통 위에 서 있다. 그런데 롤스의 계약 당사자들은 자신의 상대적 부나 소속된 사회 계층을 모르는 상황에서 분배적 정의의 원칙들을 선택해야 한다. 자신이 자본가인지 노동자인지 알지 못하는 상태에서 그들은 재산 소유자의 이득을 보호하는 일보다 자신과 후손들이 인간으로서 '품위 있는 삶descent life'을 살도록 보장하는 데 더 큰 배려를 하고자 한다.

《정의론》의 제2원칙은 두 부분으로 이루어진다. 가장 유명한 첫 번째 부분은 차등의 원칙difference principle으로 최소 수혜자 계층의 시민에게 최대의 이득을 가져다줄 사회적·경제적 불평등을 정당화하며 그러지 못할 경우 평등한 분배를 고수하고자 한다. 제2원칙의 두 번째 부분은 모든 이에게 '공정한 기회의 균등'을 요구하는 것으로서 단지 직업이나 직책의 기회만이 아니라 삶의 다양한 기회들까지 평등화하자는 원리이다. 다시 말하면 유사한 능력과 기능을 가진 사람이라면 누구나 그들이 태어난 사회적 지위와 무관하게 능력에 걸맞은 삶의 기회를 보장받아야 한다는 것이다.

살펴본 바와 같이 롤스의 정의론은 최소 수혜자를 가장 먼저 고려하는 자유주의라 할 수 있고 사회주의적 비판에 함축된 도덕적 의미를 충분히 참작한 자유주의라 할 수 있다. 즉 차등의 원칙으로 인해 천부적으로나 사회적으로 혜택받지 못한 빈곤한 계층일지라도—그들 자신의 인생 전망을 고양시킬 여지가 더 이상 남아 있어서는 안 될 정도까지—가능한 한 최고의 인생 전망을 보장할 것이 요구된다.

마찬가지로 공정한 기회 균등은 '재능이 있으면 출세할 수 있다'는 식의 고전적 자유주의 이념을 능가한다. 이는 보상적 교육의 실시와 경제적 불평등에 한계를 요구함으로써 사회의 모든 부문에 걸쳐 유사한 동기와 자질을 가진 모든 이에게 교양과 성취를 위해 거의 평등한 전망이 주어져야 한다는 것이다. 이는 단순한 형식적 기회 균등을 넘어 공정한 기회 균등을 요구하는 롤스 정의론에 함축된 고유한 주장이다.

다시 한 번 정리해보자. 정의의 제1원칙은 평등한 시민의 기본적 자유가 희생되는 것을 거부하는 롤스 이론의 자유주의적 핵심을 나타낸다. 제2원칙은 자유주의적 자유들이 사회적으로 불리한 처지에 있는 이들에게 유명무실한 공수표가 되지 않게 하는 바,《정의론》에서 사회주의적 핵심을 대변한다. 물론 롤스가 고전적 자유주의와 사회주의 간의 간격을 좁히는 방식을 제시한 첫 번째 철학자라고 할 수는 없다.

롤스는 밀, 그린, 홉하우스, 듀이 등 자유주의 철학의 오랜 전통의 연장선상에서 로크보다 더 평등주의적이고 마르크스보다 더 자유주의적인, 그야말로 자유주의적 평등 liberal equality의 이념을 옹호하고 있다. 롤스의 정의관은 자유주의적 이념과 사회주의적 이념을 가장 체계적이고도 정합적으로 통합한 것으로서 그 누구와도 견주기 어려운 위치를 점하는 것으로 평가되고 있다.

그러나 자유주의와 사회주의의 이 같은 통합은 두 진영으로부터 많은 동조자를 이끌어내는 매력을 갖는 동시에 대부분의 중도적 입장이 그러하듯 두 진영으로부터의 공격 또한 면하기 어려운 것이 사실이다. 우파를 대변하는 자유지상주의자 로버트 노직은 개인 노동의 산물을 점유할 자유가 롤스의 자유 목록에서 제외되어 있음을 비판하면서 이는 인간의 독자적 개체성을 신중하게 다루지 못한 결과임을 지적했다. 반면에 사회주의자들은 롤스가 생산

수단에 대한 사적 소유 및 집단소유collective ownership 간의 선택 문제를 도덕적 논리에 의해 결정하기보다 정치사회학의 문제로서 경험적으로 결정되어야 한다고 주장한 데 대해 반론을 제기했다.

엄밀히 말하면 롤스의 정의론이 지향하는 평등은 사회적 운을 중립화하는 자유주의적 평등과 구분되는바, 자연적 운까지도 중립화하는 민주주의적 평등이라 할 수 있으나 일반적인 용례에 따라 자유주의적 자유 이념과 사회주의적 평등 이념을 융합했다는 의미에서 자유주의적 평등이라 통칭하기도 한다.

정치적 자유와 경제적 불평등

자유주의적 정치이론은 전통적으로 이중의 정당화 논의를 제시해왔다. 한편 자유주의 이론가들은 다양한 정치적 자유들의 평등equality of political liberties을 주장해왔다. 물론 서로 다른 이론가들은 평등한 기본적 자유들의 상이한 조합에 관심을 가지고 있었다. 예를 들어 홉스는 인신의 평등한 자유들이라는 협소한 세트만을 정당화하고자 한 반면, 로크는 정치적 참여의 평등한 자유들에 대한 더 광범위한 세트를 주장했다. 나아가 밀은 사상과 표현의 자유들에 대한 더 넓은 세트를 옹호하고자 했다.

이들 자유주의 이론가들은 정치적 자유의 영역에 있어서 어느 정도 평등을 정당화하는 한편, 개인이나 계층 간 소득, 부, 권력, 권위 등에 있어서 상당한 불평등을 수용·정당화하고자 했다. 일반적으로 그들은 경쟁 시장 내에서 영향력이 있는 기술, 지능, 근면 등의 차등을 필요하고도 공정한 결과로 간주하고자 했다. 이 같은 정치적 평등과 사회경제적 불평등을 정당화하는 데 이용될 다양한 이론 체계에도 불구하고 그들이 공유하고 있는 한 가지 동일한 전제는 정치적 평등이 사회경제적 불평등과 양립 가능하다고 가정한다는 점이다.

이와 유사한 가정이 롤스의 '공정으로서의 정의관'에 관한 두 원칙과 이를 뒷받침하는 롤스의 정교한 논변에도 함축되어 있다. 주지하다시피 정의의 제1원칙은 평등한 기본적 자유의 최대한 광범위한 체계로 기술되며, 이는 정치적 영역에서의 광범위한 평등을 요구한다. 나아가 이 같은 자유는 다른 사회적 기본 가치들보다 우선하며 오직 자유를 위해서만 제한될 수 있다. 다시 말하면 자유의 범위나 평등이 다른 사회적 가치들과 흥정 또는 조정의 대상이 될 수 없다는 것이다.

그런데 제2원칙을 보면 사회경제적 영역에서의 불평등을 허용한다. 특히 개인과 계층 간 소득, 부, 권력, 권위의 불평등을 허용하고 있는 것이다. 이에 대한 롤스의 설명에 따르면, 사회 성원 중 최소 수혜자 계층이 기본적으로 누리는 사회적 가치 수준의 극대화에 기여하는 한 불평등은 용납될 수 있다는 것이다. 롤스는 자신의 원칙이 용납할 불평등이 크지 않을 것으로 예상하며 적어도 오늘날 우리가 부정의하고 불공정하다고 판단하는 불평등은 정의의 제2원칙에 의해 배제될 것으로 기대한다.

그러나 그는 이 같은 예상과 기대에 대해 사회과학적으로 설득력 있는 논변을 제시하지 '않음'으로써 갖가지 비판의 여지를 남겨놓았다. 정치적 영역의 평등과 사회경제적 영역의 불평등의 양립 가능성 문제와 더불어 그에 걸맞은 체제의 제시는 자본주의 진영이건 사회주의 진영이건 간에 오늘날 자유주의 담론이 풀어야 할 과제 중의 하나라고 생각된다.

물론 이 같은 양립 가능성 여부의 문제는 단지 논리적 측면에서의 문제는 아니다. 또한 설령 논리적 모순이 없다 해도 충분히 해결되었다고 볼 수는 없다. 롤스가 자신의 정의 원칙을 이상적 이론ideal theory의 모형으로서 제안했을 때 그는 논리적 가능성만을 염두에 둔 것이 아니다. 그는 자신이 제시한 이상이 사회적으로 구현 가능한 현실성 있는 것realistic idealism이기를 바랐다. 롤스는 우리가 일반적인 사회이론, 심리, 역사, 경제, 정치학 등으로부터 알고 있는 지식에 비추어볼 때 현실적으로 실현 가능한 정의관이기를 기대했던 것으로 추정된다.

이 때문에 롤스는 공정으로서의 정의 원칙이 도덕 심리 學moral psychology의 원칙에 부합한다는 점을 힘들여 논증하고 있으며, 자신의 정의 원칙이 다른 이론들보다 도덕 심리학의 원칙에 부합하는 안정된stable 이론이기를 기대한다. 이런 의미에서 안정성은 적절한 도덕 이론의 내용이 갖추어야 할 중대한 경험적 제약 조건으로서 사회적 실현 가능성을 열어주는 중요한 결정 요건이라 간주하고 있는 듯하다(《정의론》, 243, 515쪽).

롤스는 불평등한 부와 권력이 자유에 미치는 결과를 배제하기 위한 제도적 청사진을 발견할 수 있다는, 입증하기 어려운 희망을 제시하는 대신 이 문제를 우회적으로 해결하기 위해 자유와 자유의 가치worth of liberty 간의 구분을 도입하고자 한다. 평등한 시민들의 온전한 자유 체계로 대변되는 자유는 정의의 제1원칙에 의해 배분된다. 그러나 새로운 사회적 선social goods인 자유의 가치가 개인이나 계층에 배분되는 것은 제도 안에서 성원들의 목적을 증진할 수 있는 능력에 비례하는 것으로서 이는 정의의 제2원칙을 따른다고 할 수 있다.

이와 같은 배분의 결과로서 평등한 자유와 불평등한 부,

권력 간의 양립 불가능성, 제1원칙과 제2원칙 간의 갈등은 사라질 것이라고 롤스는 기대한다. 따라서 이제는 불평등한 부나 불평등한 권력은 더 이상 자유 그 자체의 불평등을 야기하지 않고 자유의 가치에 있어서의 불평등만 유발하게 되는 것이다.

롤스에 따르면 "평등한 자유로서의 자유는 모든 이에게 동일하므로 평등한 자유보다 작은 자유에 대한 보상의 문제는 발생하지 않는다. 그러나 자유의 가치는 모든 이에게 다 동일하지는 않다. 어떤 자는 더 큰 권력과 부를 가지며 따라서 그들의 목표를 달성할 더 큰 수단을 갖는다." 결국 더 큰 권위와 재산은 자신의 목적을 성취할 수 있는 더 큰 수단을 갖게 하며, 따라서 더 큰 자유의 가치를 갖는 셈이 된다(《정의론》, 278~279쪽).

이에 따라 최소 수혜자 계층은 자신이 선택할 수 있는 가능한 대안적 사회들 중 최우선적이고 최선의 고려와 최대의 배려를 받을 수 있는 사회를 선택한다. 자유를 최대한 실현할 수 있는 최대의 수단을 향유함으로써 최대의 자유 가치를 향유하는 것이다.

운과 공유 자산 및 상속의 문제

《정의론》의 핵심은 천부적 재능이나 사회적 지위와 같이 우리가 직접 생산한 것이 아닌, 우리에게 우연히 그리고 운명적으로 주어진―그래서 우리가 그것에 대해 책임질 수 없는―것에 대한 해석에서 비롯된다. 이 점이 노직과 같은 소유권적 정의론자와 차별화되는 분기점이 된다. 롤스에 따르면 천부적 재능이나 사회적 지위와 같은 것은 도덕적 관점에서 볼 때 정당 근거가 없는 자의적인 것이며, 정의는 그러한 우연적이고 운명적인 것을 인간적으로 처리하는 방식과 관련되는 것이다.

이로부터 롤스는 분배적 정의란 우리의 천부적 재능이나 사회적 지위를 마치 공유 자산이나 집단 자산으로 간주하는 관점에서 도출될 수 있다고 본다. 물론 천부적 재능이나 사회적 지위가 곧바로 공유 자산이라고 말하는 것 자체가 일종의 형이상학적 입장일 수 있겠지만 이를 기조로 삼아야 한다는 것이다.

물론 이렇게 말한다고 해서 롤스가 곧바로 운의 평준화

를 내세우는 평등주의자가 되는 것은 아니다. 단지 그는 '운의 중립화'라는 관점에서 최소 수혜자를 포함한 모든 사회 성원들의 이득에 기여할 수 있도록 차등 배분을 위한 정당 근거를 찾고자 한다. 바꿔 말해 롤스에 따르면 차등의 원칙이란 결국, 천부적 재능이나 사회적 지위를 어떤 측면에서는 공동의 자산으로 간주한다는 합의를 의미한다.

천부적 재능이나 사회적 지위에 의해 혜택을 받은 자는 그렇지 못한 자의 처지를 향상시킨다는 조건 아래서만 자신의 행운으로부터 이익을 얻을 수 있다. 아무도 자신의 우수한 천부적 능력을 당연시할 수도 없고 사회적으로 유리한 출발 지점에 서는 등의 덕을 보아서는 안 된다. 이것이 정의에 대한 롤스의 확고한 판단이다.

더 나아가 롤스는 정당하지 않은 불평등은 시정 조치가 필요하다고 생각한다. 출생에 따른 지위의 불평등, 천부적 자질에 따른 불평등은 정당하지 않다. 그러므로 이런 불평등은 어떤 식으로든 보상하는 것이 마땅하다. 그렇다면 모든 사람을 평등하게 대우하고 진정한 기회 균등을 실현하려면 천부적 재능이나 사회적 지위에서 불리하게 태어난 사람들을 위해 사회가 더 많은 배려를 해야 한다는 원칙이 성립한다. 즉, 우연이나 운에 의해 발생한 편향을 평등의 방향으로 시정해야 한다는 것이 롤스의 주장이다.

인간이 타고난 육체, 정신, 능력은 자신의 고유한 영역이고, 따라서 자신의 심신 작용에 의한 결과물은 당연히 자신이 소유할 수 있다고 생각하는 경우가 일반적이다. 그런데 위에서 보았듯이 롤스는 천부적 재능을—"어떤 측면에서는"이라는 수식어가 있기는 하나—'공동의 자산'이라 규정하고 생래적 차등에 의한 불평등을 예방까지는 못할지언정 어떠한 보상을 통해 시정되어야 한다고 생각한다 (《정의론》, 119쪽).

수혜자가 생산한 것이 아니라는 점에서 천부적 재능과 공통점을 가진 '상속 재산'에 대해서도 정의론의 관점에서 참고할 필요가 있다. 롤스에 따르면 부의 불평등한 상속은 지능의 불평등한 상속과 마찬가지로 그 본질상 부정의한 것은 아니다. 부의 상속은 지능의 상속보다 사회적으로 더 쉽게 통제받을 가능성이 높기는 하다. 하지만 어느 것에 의한 불평등이라도 차등의 원칙에 부합해야 한다는 점이 중요하다. 결국 롤스는 "상속은 결과적으로 생겨나는 불평등이 가장 불운한 사람에게 이득이 되고 자유 및 기회 균등과 양립할 수 있는 경우에 허용될 수가 있다"라고 결론 짓는다(《정의론》, 372쪽).

위에서 알 수 있듯 롤스는 부를 불평등하게 물려받는 것이 그 자체로서 정의롭지 못한 것은 아니지만, 부든 지능이든 모든 상속은 차등의 원칙에 부합해서 이루어져야 한다고 했다. 결국 천부적 자질, 타고난 사회적 지위, 상속 재산 등을 수혜자가 아무런 시정조치 없이 차지하는 것은 부정의한 것이며, 이를 허용하고자 할 경우에는 모두가 반드시 차등의 원칙에 부합해야만 한다.

정의의 우선성과 사회의 기본 구조

'정의의 우선성priority of justice'이라는 주제는 《정의론》의 중심이 되는 주장이다. 이는 사실상 정의에 대한 이론이라기보다는 윤리 체계에 있어서 정의가 차지하는 지위와 관련되어 있다. 《정의론》의 서두에서 롤스는 "사상 체계의 제1덕목을 진리라고 한다면 정의는 사회 제도의 제1덕목이다. 이론이 아무리 정치精緻하고 간명하다 할지라도 그것이 진리가 아니라면 배척되거나 수정되어야 하듯이, 법이나 제도가 아무리 효율적이고 정연하다 할지라도 그것이 정당하지 못하면 개선되거나 폐기되어야 한다. (…) 인간 생활의 제1덕목으로서 진리와 정의는 지극히 준엄한 것이다"라고 주장한다(《정의론》, 36쪽).

또한 《정의론》의 말미에 이르러 롤스는 서두의 주장을 다시 한 번 확인하면서 결론짓기를 "내가 지금까지 제시하고자 했던 것은 정의의 우선성에 대한 그러한 느낌을 이해하고 평가할 수 있게 하는 하나의 이론이다. 공정으로서의 정의가 바로 그 결과인데, 즉 그것은 그러한 상식적인 견해 및 그 일반적인 성향들을 체계화시킨 것"이라 했다(《정의론》, 748~749쪽).

이상에서 나타난 롤스의 주장은 두 가지로 요약될 수 있다. 첫째는 정의의 우선성이며, 둘째는 정의가 사회의 기본 구조와 관련되어 있다는 것이다. 아래에서는 롤스의 정의론에서 핵심을 이루는 이 두 가지 주장을 살펴보고자 한다.

'정의의 우선성'은 무엇보다도 직관적인 호소력을 갖는다. 언뜻 생각하기에도 정의란 상호 비교의 대상이 되는 여러 가치들 가운데 하나라기보다는 그에 의거해서 다른 가치들이 비교되고 평가되는 기준이요, 다양한 가치들을 배분하는 방식과 관련된 것으로 보인다. 이런 의미에서 정의는 가치들 중의 가치이며 상충하는 가치들을 조정하는 기준으로서 경쟁하는 여러 가치들에 대해 우선성을 가져 마땅하다고 생각된다.

조정자로서의 정의가 다른 가치들에 우선해야 한다는 말은 두 가지 의미를 갖는다. 먼저 공리주의적 윤리설에 대한 비판에서 비롯된 도덕적 당위로서의 우선성이다. 이러한 관점에서 본 정의의 우선성은 개인의 인격에 대한 존중과 인간사회의 다원성에 바탕을 두고 있다. 전체 성원의

행복을 극대화하기 위해서 소수가 누릴 행복을 희생한다
는 것은 불가침의 것을 침해하는 것이요, 다양한 욕구들을
하나의 단일한 욕구 체계로 융합하는 것이며, 개인 간의
차이를 신중히 다루지 않음을 뜻하는 것이다.

"모든 사람은 전체 사회의 복지라는 명목으로도 유린될
수 없는 정의에 입각한 불가침성을 갖는다. 그러므로 정의
는 타인들이 갖게 될 보다 큰 선을 위하여 소수의 자유를
뺏는 것이 정당화될 수 없다고 본다. 다수가 누릴 보다 큰
이득을 위해서 소수의 희생을 강요해도 좋다는 것을 정의
는 용납할 수 없다. 그러므로 정의로운 사회에서는 평등한
시민적 자유란 이미 보장된 것으로 간주되며, 따라서 정의
에 의해 보장된 권리들은 어떠한 정치적 거래나 사회적 이
득의 계산에도 좌우되지 않는 것이다."《정의론》, 36쪽)

또 다른 한 가지 의미는 정의란 판단의 기준이므로 판단
되는 대상과 상관없이 독립적으로 도출되어야 한다는 점이
다. 즉, 논리적·인식론적 우선성이다. 롤스는 이것이 사회의
기본 구조를 평가하기 위한 아르키메데스의 점Archimedean
point[1]에 대한 요구라고 말한다. 문제는 이러한 점이 어디에
서 발견될 수 있느냐이다. 만일 정의의 원칙이 사회에 이

미 존재하는 선^善이나 현행 가치관으로부터 도출된다면, 그 정의관이 제시하는 비판적 관점은 규제될 대상이 가진 가치관을 넘어서는 타당성을 보장받기가 어려울 것이다. 정의가 기존 가치의 산물이라면 정의도 그것들과 같이 동일한 우연성에 의해 결정될 것이기 때문이다. 이와 달리 기존 가치관이나 우연성과 상관없이 정의의 기준을 설정하려 한다면 정당성이 없는 선험적 가정에 바탕을 두지 않을 수 없다.

이 두 가지 상황 중 전자는 우연적이라는 점에서 자의적 arbitrary이라면 후자는 근거를 대기가 어렵다는 점에서 자의적이라 할 수 있다. 두 극단을 피하면서 정의의 원리가 도출되어야 할 것이기에 롤스는 "우리는 언제나 요구되는 관점으로부터 사회를 바라볼 수 있게 된다"라고 하면서, 하지만 그와 같이 바람직한 관점은 "세계를 초월한 어떤 지점으로부터의 관점이 아니며 초월적 존재의 관점도 아니다. 오히려 그것은 합리적인 사람들이 세상 안에서 택할

---

1 고대 그리스의 수학자 아르키메데스가 "움직이지 않는 한 점만 주어진다면, 그 점을 받침대로 삼아 지렛대를 이용해 지구를 들어 올리겠다"라고 공언한 데서 비롯한 말. 즉 관찰자가 탐구 주제를 객관적으로 지각할 수 있는 유리한 가설적 지점을 가리킨다.

수 있는 생각과 느낌의 어떤 방식"이라고 결론 내린다(《정의론》, 749~750쪽).

정의의 우선성 다음으로 논의할 주제는 사회의 기본 구조basic structure of society에 관한 롤스의 입장이다. 롤스에 따르면 사회의 기본 구조가 정의의 일차적 주제primary subject 이며, 이것이 계약론적 정의론의 요체이다. 그의 정의론은 이처럼 매우 특수하면서도 가장 중요한 경우에 대한 정의의 원칙을 설정하는 데서 시작한다. 이로부터 도출되는 정의의 원칙은 여타의 원칙이나 기준에 대해 우선성을 갖는다. 사회의 기본 구조란 주요한 사회 제도들이 결합되어 생겨나는 하나의 체제이며 그에 따라서 기본적인 권리와 의무가 할당되고, 사회 협동체에서 생겨난 이득을 분배하는 방식이라는 것이다.

롤스는 우선 자신의 정의론은 공리주의와 같이 모든 경우에 적용되는 일반론으로는 적합하지 않음을 분명히 했다. 이는 사회의 기본 구조를 규제하기 위한 기준인 까닭에 다른 많은 경우에는 부당한 지침이 될 수도 있다는 것이다. 롤스는 예를 들어 교회나 대학 사회를 위해서는 다른 원리가 필요하다고 말한다. 단, 교회나 대학도 사회 기본 구조에 속하므로 사회가 제시하는 요구 조건을 위반할 수는 없으며, 그것이 허용하는 범위 내에서 그들의 고유한 특성에 맞추어 적합한 규율 체계를 제정할 수 있다. 여하튼 롤스는 사회의 기본 구조를 정의의 일차적 주제로 생각하는 몇 가지 이유를 다음과 같이 들고 있다.

첫째, 개인이나 집단의 행위가 일어나는 정의로운 배경적 조건background conditions을 확보하기 위함이다. 롤스는 개인 간의 상호 관계가 공정하려면 일정한 배경적 조건이 필요하다고 한다. 사회적 여건이나 사람들의 상호 관계는 언제나 변하고 발전한다. 그러나 이것이 처음에는 자유롭고 공정한 합의에 의해 이루어진다 할지라도 합의가 축적되는 과정에서 사회적 추세나 역사적 우연 등과 같은 복잡한 변수들이 결합되면 자유롭고 공정한 합의가 더 이상 지속할 수 없는 상황에 이르게 된다. 따라서 롤스는 기본 구조에 속하는 제도들에 주목함으로써 개인이나 집단의 행위가 일어나는 정의로운 배경적 조건을 확립하고자 한다 (《정의론》, 368쪽).

둘째, 사회의 기본 구조 속에서 개인의 성격이 형성될 뿐만 아니라 욕구의 형태까지도 결정되는 심대한 영향력을 갖고 있기 때문이다. 개인의 성격이나 관심사는 처음부터 결정되어 있는 것이 아니므로 정의는 그것들이 형성되는 방식에도 주목해야 한다는 것이다. 사회 제도는 구성원에게 영향을 미쳐 현재의 자신뿐만 아니라 미래에 어떤 사람이 되고자 하는 것까지도 대체로 규정해준다. 그들은 자신의 사회적 지위에 따라 자기 자신을 바라볼 것이며 현실적으로 가용한 수단과 기대를 고려하게 된다. 따라서 사회 경제 체제는 기존 욕구나 포부를 만족시키기 위한 제도적 장치일 뿐만 아니라 미래의 욕구와 포부를 형성하는 방식이요 모태이기도 하다.

나아가서 롤스는 개인의 지능이나 능력을 고정된 자연적 혜택으로만 볼 수 없으며 사회의 기본 구조에 의해 형성되는 측면이 있다는 사실에도 주목한다. 물론 불가피한 유전적 요소가 있기는 하나 능력과 재능은 사회적 조건과 관련짓지 않고서는 그 잠재적 가능성이 실현될 수 없다. 이런 의미에서 볼 때 실현된 능력은 언제나 사회적으로 선택된 것이라 할 수 있으며, 그조차도 무한한 가능성 중 일부에 불과한 것이라 할 수 있다.

천부적 재능의 개발에 영향을 미치는 요인에는 그것을

격려하고 지원해주는 사회적 여건과 분위기가 있으며 그와 더불어 그것을 훈련하고 활용하게 해주는 제도가 있는 것이다. 그래서 우리의 목적이나 포부뿐만 아니라 능력과 재능도 사회적 여건을 상당히 반영한다. 그러므로 사회의 기본 구조는 더욱 심각히 다루어야 할 주제가 된다고 롤스는 말한다. 근래에 많은 윤리학자들이 사회 윤리social ethics에 주목하는 이유도 동일한 관점에서 이루어진다고 할 수 있다.

결국 지금까지 논의한 바를 종합해보면 정의론이 규제해야 할 것은 천부적 재능, 사회적 지위, 역사적 우연 등이 영향을 미친 인생 전반에 걸친 불평등이라 할 수 있다. 이러한 불평등은 단적으로 보면 대단한 것이 아닐지 모르나 오랜 시간 누적되어 발생할 결과는 엄청난 것이라 예상할 수 있다. 롤스는 바로 이런 원초적 불평등에 초점을 맞추고 이를 제도적 장치로 교정하고자 한다. 일단 그것을 규제할 적절한 정의의 원칙이 발견되고 요구되는 제도가 만들어진다면 그 밖의 다른 불평등을 규제할 방법은 찾기가 더욱 수월해진다고 보는 것이다.

그런데 사회의 기본 구조가 갖는 몇 가지 중대한 특성

이외에도 롤스가 도덕의 사회적 기능을 중요시하는 데에는 몇 가지 이유가 더 있다. 이들은 대체로 윤리설이 다루어야 하고 다룰 수 있는 도덕의 성격 및 범위와 관련된 것이다. 그중 하나는 도덕 일반이론으로 제시된 공리주의의 야심찬 시도가 성공하지 못함으로써 윤리학의 탐구 영역을 사회 윤리와 관련된 최소한의 것으로 제한하려는 소극적 이유이다. 다른 하나는 인간 개개인의 인격과 다양한 가능성에 대한 신뢰를 바탕으로 하는 자유주의적 입장에 서려는 적극적인 이유이다. 이 두 가지 이유는 각각 도덕의 사회적 역할, 즉 사회의 기본 구조를 주제로 한 사회 윤리의 중요성을 강조한다.

첫 번째로 든 소극적 이유는 인간의 도덕적 판단이나 숙고를 제한하는 불가피한 한계와 관련된 것이다. 롤스에 따르면 도덕적 숙고는 우리의 반성 능력과 판단력에 의존한다. 이러한 능력은 한꺼번에 주어지는 것이 아니며 우리가 공유하는 공동체 문화에 의해 점진적으로 형성되고 계발된다. 따라서 윤리는 우리가 반성과 판단을 하게 될 때 윤곽을 그리는 일에 종사하게 되는데, 효율적이고 공정한 사회협동 체제를 위한 정의의 문제 또한 바로 이와 관련된 것이다. 시민은 공공적 정의관에 의해 설정된 틀 속에서 도덕적 숙고를 해나갈 때 대체로 충분한 의견 일치를 보게 될 것이며, 그럴 경우 정의관은 충분히 그 사회적 기능을 수행하게 된다는 것이 롤스의 주장이다.

롤스는 사회의 기본 구조를 정의의 일차적 주제로 삼는 것 외에도—우리의 도덕적 숙고를 제약하는 한계를 감안해—현실성 있는 사회 윤리를 확립하는 데 필요하다고 생각되는 몇 가지 개념적 장치를 자신의 정의론 속에 도입한다. 거기에는 공지성publicity, 우선성priority, 그리고 개인 간 비교의 기반으로서 사회적 기본 가치를 이용하는 것 등이 있다. 여하튼 고전적 공리주의는 개인의 행위와 사회 제도를 포함한 모든 문제를 단일한 원칙으로 해결하려는 야심 찬 윤리설이었다. 그러나 그것은 인간의 능력으로는 불가능한 비현실적 목표를 설정한 것이었다. 이에 비해 공정으로서의 정의관은 가장 기본적인 문제에 주목하여 정당한 제도가 설정되면 다른 문제의 해결도 비교적 쉬워진다는, 좀 더 온건한 목적을 세우는 것이라고 롤스는 말한다.

둘째로 공정으로서의 정의관이 도덕의 사회적 기능을 중시하는 적극적 이유는 롤스가 도덕에 대한 자유주의적 입장을 지지하기 때문이다. 롤스는 정의가 요청되는 객관적 여건—경제적·자연적 자원의 부족 상태—은 역사의 발전에 따라 극복될 수 있지만 주관적 여건—종교적·철학적·도덕적 신념이나 삶의 방식에서 비롯된 근본 가치관의 차이—은 영속적이라고 보았다. 주관적 문제에 대한 합의는 강제되지 않는 한 언제나 불안정한 것이며 오래 지속될 수 없다. 롤스는 이러한 근거 위에서 자신의 자유주의적 윤리관을 세우고자 한다.

모든 인간에게 타당한 하나의 가치관에 대해 지속적인 합의가 불가능한 이유는 사회적 의존성 때문이다. 이는 다양한 우연성에서 기인할 뿐만 아니라 우리의 삶을 지배하고 우리의 애착과 기초를 형성하며 우리의 신념과 가치관의 모태를 이룬다. 롤스는 이처럼 합리적이고 자유로운 합의가 지속될 수 없을 경우 사회 윤리는 사회 정의라는 가장 본질적인 문제만 규제하며, 정의관이 허용하는 범위 내에 있는 모든 가치관은 상대적 평가에 관계없이 모두 용인되어야 한다고 말한다. 이런 의미에서 정의관은 가치중립적value-neutral이다.

그런데 롤스는 가장 적합한 하나의 가치관이나 생활양

식이 없다는 것은 극복되어야 할 결함이 아니라 오히려 좋은 계기가 된다고 말한다. 일단 우리가 합의된 정의의 원칙이 구현되는 사회 체제를 정립할 경우 다양한 삶의 양식과 가치관들은 상호 보완적인 관계를 이룰 수 있다. 이로써 우리는 자신의 고유한 가치관을 지키면서 다채롭고 풍성한 포괄적 문화 총체에 참여하고 향유하게 된다. 이런 뜻에서 문화나 가치의 다원성은 손실이 아니라 축복이라 할 만한 것이다.

5장   《정의론》에 대한 반향과 정의의 실천

정의의 이론과 실천의 문제

마이클 샌델의 저서 《정의란 무엇인가》가 대한민국을 뒤흔들었던 때를 기억할 것이다. 우리의 현실이 부정의하고 정의에 대한 열망이 절실했기에 그만큼 '정의'라는 말이 주는 울림이 컸을 것이다. 그러나 그 역시 속절없는 바람처럼 잠시 스치고 지나간 일시적 현상이었을 뿐이다. 사실상 한국 사회가 이다지 부정의한 것은 제대로 된 정의의 이론이 없어서가 아니라 정의를 실현하고 실행할 의지나 역량이 부족해서라고 생각된다.

정의의 이론이 아무리 정연하고 우아하면 무슨 소용인가. 우리에게 정의를 실현하고 실행할 의지와 역량이 부족하다면 그것은 그림의 떡에 불과하다. 학자들은 '정의'를 정당화justification하는 데 열을 올리고 있지만 사실상 이론이 제시된 다음에 더욱 중요한 것은 실천 의지를 단련하고 역량을 키울 수 있는 동기화motivation 작업이다. 필자가 지난 수십 년간 《정의론》을 천착해오면서도 결국 현실적 무력감에서 벗어날 수 없었던 것은 바로 실천 의지, 실행 역량 때문이었다는 생각이다.

그러므로《정의론》은 기필코 실천을 향한 덕윤리德倫理에 의해 보완되어야 한다. 설사 정의가 무엇인지 이해하고 안다고 해도 그것이 내면화되고 체화되어 실천되지 않는다면 아무런 소용이 없다. 실천 의지와 실행 역량은 결코 하루아침에 함양되지 않는다. 배운 것을 일상에서 익히고 습관화하지 않는다면 결코 실행의 동력을 얻을 수 없는 것이다. 온 국민을 충격에 빠트리고 슬픔에 잠기게 했던 세월호 사태의 진정한 문제도 정치적인 것이 아니라 윤리적인 것에 있다고 생각한다. 세월호 선장의 무기력과 무력감은 우리 모두가 공유하고 있는 해묵은 적폐라 생각되기 때문이다.

세월호 이후 인성 교육의 핵심은 아는 것을 내면화하여 실행의 동력이 되게 하는 일이다. 우리나라 윤리 교육의 허점은 바로 알아도 실행하지 않는 데 있다. 이는 정치가뿐만 아니라, 모든 지식인들의 해묵은 맹점이다. '배우기學'만 하고 '때때로 익히지時習' 않는 지식은 백해무익한 잡학일 뿐이다. 그래서 우리는 모두가 세월호 선장과 똑같은 도덕적 실패를 매일같이 되풀이하고 있는 것일지도 모른다. 이 같은 실패를 줄일 수 있는, 우리의 습관을 길들일 수 있는 교육이 절실한 시점이다.

　정의의 현실적 구현에 있어 실행의 역량을 기르는 일과 더불어 또 한 가지 유념해야 할 일은, 제도 개혁이라는 과제이다. 만일 우리가 '의義에 주린 자, 천국이 저들의 것'이라는 복음서의 문자만을 믿고서 현실 개혁에 속수무책이라면, 음습한 야밤에 원귀가 되어 부정한 세력에게 복수하기만을 노리고 있는 '전설의 고향'식의 발상에 젖어 있다면 정의의 현실적 구현은 요원하다 할 것이다. 지눌 선사의 말처럼 "땅에서 넘어진 자는 땅을 딛고 일어서야" 하듯 잘못된 제도나 구조의 희생양은 결국 제도 개선과 구조 개혁에 의해서만 구제될 수 있음을 알아야 할 것이다.

*

　일반적으로 우리는 사랑과 정의가 매우 다르다고 생각한다. 사랑의 길이 매우 감성적이라면 정의의 길은 매우 이성적으로 생각되기 때문이다. 또한 사랑이 나의 것과 남의 것을 나누지 않고 내 것까지도 남에게 줄 수 있는 것이라면, 정의는 나의 것과 남의 것을 엄밀히 나누고 남의 것을 정확히 그에게 돌려주는 것을 의미하기 때문이다. 그러나 사랑과 정의를 깊이 이해하다 보면 사랑과 정의 간의이 같은 구분이나 장벽이 어떤 지점에서는 무너질 수도 있을 것 같다. 사랑과 정의의 뿌리를 깊이 들여다보면 이 두가지는 어느 곳에선가 서로 연계되어 있다는 생각을 갖게된다.

롤스의《정의론》에 공감하다 보면 정의는 내 것과 남의것을 철저히 갈라 각자 자신의 것을 칼같이 챙기는 것이정의가 아니라 저마다 타고난 자연적·사회적 운을 내려놓고 우리가 운명 공동체에 함께 소속되어 있음을 확인하게된다. 그럼으로써 운 좋은 자들이 가장 운 없이 태어난 자들의 운명까지도 배려하고자 하는 것임을 느끼게 된다. 그래서 롤스 자신도 프랑스 혁명의 가치 중 상대적으로 논의가 많이 이루어진 자유와 평등보다는 박애fraternity를 통해서 자신의 정의론에 함축된 의미를 전개해보고자 한다. 이는 결국 정의의 핵심이 인류애나 인간 사랑과 뿌리가 맞닿아 있다는 것을 의미하는 것이다(《정의론》, 157~158쪽).

기독교 신학에서도 사랑과 정의의 관계는 오랜 논의 주제이다. 기독교에서도 정의와 사랑이 상호 긴밀하게 관련되어 있으며 서로 보완하는 관계에 있다고 본다. 그래서 사랑의 복음서인 《성경》도 '의의 서義의 書, book of righteous-ness'라 부를 정도이다. 전통적인 개념사 측면에서 보아도 정의는 '각자에게 그의 몫을 주는 것'이라면 사랑은 '각자에게 그의 몫 이상을 주는 것'이다. 결국 기독교 신학에서 사랑과 정의의 관계는 다음과 같이 요약할 수 있을 것이다. "정의가 최소한의 사랑이라면 사랑은 정의의 완성이다."

기독교뿐 아니라 자비를 내세우는 불교, 인仁을 내세우는 유교 등 모든 종교들이 정의와 같은 강성 덕목hard virtue을 정면에 내세우지 않는 대신 사랑, 자비, 인자와 같은 연성 덕목soft virtue을 내세우는 까닭도 좀 더 높은 실천 가능성을 염두에 두었기 때문이다.

기독교 신학자 에밀 브루너Emil Brunner는 이 같은 사랑의 실천적 함의를 부연해서 다음과 같이 비유한다. "친구의 술잔을 가득 채우고자 한다면 그의 술잔에 넘치게 따라야 할 것이다. 그의 잔에 꼭 맞게 채우고자 한다면 우리는 결코 성공할 수 없을 것이다." 인간이 의도하는 사랑의 사정거리는 언제나 짧아서 겨냥한 곳에 도달하는 일에 우리는 언제나 실패하곤 한다. 넉넉히 던질 경우에만 겨우 사랑의 과녁에 닿게 된다는 사실을 항시 명심해야 할 필요가 있다.

이처럼 정의를 온전히 실천하기 위해서는 인간에 대한 사랑 또는 인류애뿐만 아니라 온갖 유혹을 뿌리치고 정의로운 행동을 실행할 의지와 용기가 절실히 요구된다. 정의로운 길이 무엇인지를 알더라도 그 길로 가고자 하는 의지가 부족하거나 유혹을 돌파할 용기가 없다면 아무런 소용이 없다. 그런데 이 같은 실행 의지나 용기는 일상에서 단련하고 연마해두지 않으면 안 된다. 평상시에 반복적인 훈련을 통해 내공을 쌓아두지 않으면 결정적인 순간이 닥쳤을 때 유혹을 이기지 못해 세월호 선장과 같이 비굴하게 도망침으로써 도덕적 실패에 이르게 됨을 주목해야 한다.

우리에게는 외부로부터 오는 유혹을 물리칠 용기도 필요하겠지만 내부로부터 솟아나오는 욕심과 탐욕을 제어하고 관리하는 훈련 또한 요구된다. 과도한 욕심과 탐욕은 자신의 분수를 지키지 않는 데서 나타난다. 자신의 몫 이상을 탐하지 않도록 절제하는 훈련이 필요하다. 욕망을 지나치게 억제하고 억압하는 일도 바람직하지는 않겠지만 그것을 과도하게 방치하고 탐욕을 그대로 허용하는 것은 파멸과 불의의 길로 접어드는 것이다.

　나아가 정의의 실현을 위해서 무엇보다 절실히 요청되는 것은 주어진 상황에 적합한 정의가 요구하는 것이 무엇인지를 제대로 아는 지혜, 즉 실천적 지혜라 할 수 있다. 지혜는 동서를 막론하고 실천에 있어서 첫 번째 덕목으로 꼽는다. 공자도 지인용知仁勇[1]이라 하여 지혜를 군자의 첫 번째 덕목으로 내세웠고 희랍 성현들도 지혜를 제1 덕목으로 간주했다. 지혜는 이상에 대한 비전이요, 길의 발견을 위함이며, 배워야 할 가르침을 준다. 이는 다른 덕목들에게 길을 밝혀줄 횃불이요, 다른 덕목들이 추구할 목표를 제시하며, 인생이 나아갈 길을 제시한다. 그야말로 제1의 덕목이라 할 만한 것이다.

1　"지혜로운 사람은 미혹되지 않고, 열린 마음을 지닌 사람은 근심하지 않으며, 용기 있는 사람은 두려워하지 않는다."

롤스 《정의론》에 대한 반향

하버드 대학교에서 철학을 가르쳤던 존 롤스는 수십 년 간 정의의 문제만을 파고든 '단일 주제의 철학자one theme philosopher'로 유명하다. 1958년 〈공정으로서의 정의〉라는 논문을 발표한 뒤 그는 사회 정의에 대한 현대적 해석에 집중적으로 관심을 갖기 시작했다. 그 후 〈분배적 정의〉, 〈시민 불복종〉, 〈정의감〉 등 여러 논문들을 발표하여 주목을 끌었다. 그의 글들에서 단편적으로 제시되었던 생각의 요지를 일관되게 정리한 책이 바로 《정의론》이다. 그야말로 20여 년에 걸친 탐구의 결실이었다.

1971년에 처음 출판되었을 때만 해도 《정의론》이 받게 될 광범위한 관심과 명성을 아무도 예견하지 못했다. '정의'에 관한 논문이 처음으로 학술지에 발표된 이래 그와 관련된 몇 차례의 발표 논문을 통해서 롤스의 정의론이 어떤 발전 과정을 거쳤는지 잘 알고 있는 동료 철학자들 중에서도 그러한 예측을 한 사람은 아무도 없었다. 이러한 예상 밖의 수확에 대해 영미 철학계는 《정의론》을 세기의 대작으로 평가하면서 최고의 찬사를 아끼지 않았다.

윤리학자 스튜어트 햄프셔Stuart Hampshire는 "세계 대전 이후 도덕 철학에 있어서 가장 중요하고 의미 있는 기여"라 했고 도덕 철학자 제프리 워녹Geoffrey Warnock은 "정치 이론에 있어서 비교할 자가 없는 공헌"이라 단정했다. 경제학자 케네스 애로Kenneth Arrow는 "이것이야말로 현대 정의 개념에 대한 가장 심오한 연구"라 하였고 철학자 조엘 페인버그Joel Feinberg는 《정의론》에 "철학적 고전의 위치"를 부여하기를 마다하지 않았다.

《정의론》이 던진 파문은 단지 학계에만 국한된 것이 아니었다. 영미 철학자 중 아무리 학계에서 대단한 평가를 받은 사람일지라도 롤스처럼 《뉴욕타임스》와 《런던타임스》를 비롯하여 《이코노미스트》, 《네이션》, 《스펙테이터》, 《뉴 리퍼블릭》 등 잡지와 신문들이 경쟁하듯 서평과 특집을 싣는 등의 파격적인 반응을 불러일으키지는 못했을 것이다. 특히 《뉴욕타임스》는 서평에서 롤스의 《정의론》이지닌 의미가 결국 "우리의 생활 방식마저 바꿔놓을 것"이라고 극언했다.

《정의론》이 불러일으킨 폭넓은 관심은 여러 관점에서

해석이 가능할 것이나, 한 가지 분명한 점은 수많은 독자들이 그의 책 속에서 단순히 언어 분석에 머무르지 않고 실질적인 도덕·정치철학이라는 오랜 전통으로의 다행스러운 복귀를 발견했기 때문이다. 현대 분석철학이 따분한 개념 분석이나 관념의 유희에 골몰하는 데 비해 롤스의 《정의론》은 마샬 코헨Marshall Cohen의 지적대로 "영미의 정치철학적 전통이 사멸했다는 오랜 의혹에 대한 설득력 있는 반증"을 보여준 셈이다. 그의 저서는 밀 이래로 출간된 저술 중에서 전통에 대한 가장 두드러진 기여라 할 수 있을 것이다.

《정의론》이 광범위한 호소력을 갖게 된 또 다른 이유는 롤스가 사회과학적인 다양한 성과와 자료들에 입각함으로써 좀 더 많은 독자들에게 폭넓은 공감을 얻어냈다는 점이다. 코헨의 말과 같이 롤스는 흄과 스미스, 벤담, 밀의 전통을 재현함으로써 자신의 정치 이론 구성을 도덕 심리학 및 법학과 경제학의 기본 탐구와 관련시키고자 한다. 전문 철학자들의 개념에 친숙한 사람들보다는 제반 사회과학의 개념이나 이론에 익숙해 있는 사람이 훨씬 더 많을 뿐만 아니라 경험과학적인 준거점이 많다는 것은 그만큼 이론의 현실 적합성을 보장하는 것이기 때문이다.

나아가서 《정의론》은 단순히 사회과학에 의존할 뿐만 아니라 반대로 그 내용을 더 풍부하게 해주리라는 기대도 안겨준다. 이 점은 비학술지의 많은 편집자들에게까지 관심의 대상이 되어온 것은 물론 전문적인 사회 과학자들의 흥미를 불러일으킴으로써 각종 학술지의 특집 및 심포지엄이나 정치학자, 경제학자, 법학자들의 토론 주제가 되어왔다는 사실에서도 충분히 짐작할 수 있다.

또한 롤스의 《정의론》은 과거의 주요 정치철학 고전이 그러하듯 상당한 이데올로기상의 중대성을 지니고 있다. 모든 고전이 당대의 지배적인 도덕 및 정치 이념을 자신들의 이론 구성에 반영함으로써 수세기를 지속하는 설득력을 갖듯 롤스의 《정의론》 역시 우리 시대를 지배하는 도덕적·정치적 입장의 밑바탕에 깔린 정의의 원칙을 반영하고자 한다. 이는 우리의 시대정신이라고도 할 수 있는 특정한 자유주의적 이데올로기라 할 수 있다. 다만 그것은 자유방임적인 고전적 자유주의의 재현일 수는 없으며 평등주의적인 복지 이념과 양립 가능한 자유주의에 대해 일관성과 설득력 있는 이론 체계를 구성하려는 목표와 관련되어 있다.

롤스의 이런 목표가 비상한 관심을 모은 배경에는《정의론》이 정치적 투쟁과 의혹의 소용돌이 속에서 자유주의에 대한 도전이 극심한 시기에 발간되었다는 데 있다.《정의론》전반에 깔린 주제는 풍요 속에서의 빈곤에 대한 새로운 인식, 인종차별을 제거하기 위한 민권운동, 월남전 등으로 사회적 동요에 직면했던 1960년대 서구 사회의 관심과 일치했던 것이다.

이러한 일련의 현상들은 수많은 사람들이 기존의 정치·사회제도 및 정책과 대립하는 결과에 이르게 했으며, 기존 제도의 정의 유무에 대한 근본적인 문제 제기, 자유와 기회 등과 같은 사회적 가치들의 분배, 그리고 정치권력의 정의로운 행사 등 정의로운 사회의 기준에 대한 철학적 문제를 새로이 제기하지 않을 수 없게 했다.

물론 롤스의 방대하고 심오한 이론 체계에 대해 모든 평자들의 논평이 일치하는 것은 아니다. 어떤 사람은 롤스가 제시한 자유주의적 입장이 지나치게 평등주의적이라 하고 어떤 이는 오히려 충분히 평등주의적이지 못하다고 비판한다. 이 밖에도 롤스의 다면체적 이론 체계에 함축된 다양한 주제들에 대해 갖가지 논평들이 대립하고 있는 실정이다.《정의론》은 폭넓은 독자와 이념적인 중대성을 지니고 있기에 체계적이고 비판적인 평가 또한 더없이 중요한 일이다. 롤스의 학문적인 업적 전반에 대한 평가는 앞으로 더 시간을 기다려야 얻어질 것으로 생각된다.

《정의론》과 그 후속 연구

《정의론》이 출간된 이후 한때 롤스는 그의 저술에 주어진 예상 밖의 관심과 찬반양론들에 응수하느라 여념이 없었다. 그런 가운데 롤스는《정의론》과 상관된 후속 연구의 결과물로서 두 권의 저술을 남겼다. 그중 하나는《정의론》에 대한 해명인 동시에 자유주의 이념에 대한 자신의 입장을 옹호하는《정치적 자유주의 *Political Liberalism*》(1993)와 한 국가를 모형으로 자신의 정의론을 국제 사회에 확대 적용한《만민법 *The Law of Peoples*》(1999)이 그것이다.

《정치적 자유주의》에서 롤스는 '공정으로서의 정의관'은 절대적 진리를 추구하는 보편적 도덕 이론이 아니며, 다원주의 pluralism 속에서 사회 통합의 기반을 확립하기 위해 현대적 과제를 다루는 실천적 정치 이론 practical political theory이라고 설명한다. 다시 말하면 종교, 철학, 도덕, 가치관(롤스는 이를 "포괄적 교설"이라 함) 차이로 심각하게 갈등과 이견을 보이는 현실에서 자유롭고 평등한 시민의 안정되고 정의로운 사회를 오랜 기간 유지하는 방도를 다루는 정치 이론을 제시하고자 했다는 것이다.

롤스에 따르면 가치관의 다원성과 인간 이성이 갖는 한계로 인해 합당한 안정성이 달성될 수 있는 길은 오직 자유주의가 개인 간에 합의되기 어려운 가치관 등 포괄적 교설로부터 분리되어 그 적용 범위를 공적이고 정치적 영역에 한정하는 것이다. 즉 정치적 자유주의political liberalism를 지향하는 일이며 이로써 롤스는 자신의 자유주의를 칸트나 밀이 제시한 철학적 자유주의 내지 포괄적 자유주의와 차별화하고자 한다.

이와 같이 넓은 의미의 자유주의에서 오직 정치적 영역에만 국한되는 협의의 자유주의로 이행하는 것—최대 수용 가능성을 위한 최소화 전략—이 정치적 자유주의의 프로젝트라 할 수 있다. 다원주의 사회에서 자유주의가 공적이고 정치적인 영역에 한정될 경우 자유주의는 더 이상 이견의 여지가 분분한 포괄적 교설이 아니라 포괄적인 가치관들 간의 중첩적 합의overlapping consensus의 대상이 될 수 있다는 게 롤스의 생각이다.

마지막 저서인 《만민법》에서 롤스는 정치적 자유주의 행태를 국제사회에 적용함으로써 세계화된 정의론을 전개

한다. 특히 정치적 자유주의의 기본 이념을 관용tolerance의 관점에서 논의한다. 《만민법》의 서문에서 롤스는 정치적 자유주의의 확장 프로젝트를 다음과 같이 요약해서 말해 주고 있다.

"자유주의 사회에서 시민은 다른 개인의 포괄적인 종교 적·철학적 교설들을, 그것이 합당한 정치적 정의관에 부합 되어 추구되는 한 존중해야 한다. 마찬가지로 자유주의 사 회는 포괄적 교설들에 의해 조직된 다른 사회의 정치적· 사회적 제도들이 그 사회로 하여금 합당한 만민법을 준수 하게 하는 일정한 조건을 만족시키는 한 그 사회를 존중해 야 한다."

롤스에 따르면 확장의 첫 번째 단계에서 자유주의 국가 의 대표자들은 전 지구적 정의의 원칙에 합의하기 위해 원 초적 입장original position에 참여하게 된다. 전 지구적 프로 젝트의 두 번째 단계는 비자유주의적 국가의 대표자들 역 시 기본 인권 및 인간다운 삶의 조건과 관련된 만민법의 원칙들에 자발적으로 동의하리라는 것이다. 물론 호전적 인 국가나 주민의 기본권마저 유린하는 전체주의 국가와 같이 무법적인outlaw 국가도 있겠지만 전 지구적 원칙을 준수하는 한 비자유주의적인 계층사회도 품위 있는 지위를 갖춘 국가로서 대우해야 하며 따라서 자유주의 국가 편에서 이러한 사회를 무력으로 공격하거나 그들의 제도 개혁을 위해 경제적 제재 등을 가할 정치적 정당 근거가 없다는 것이다.

이상에서 살핀 바와 같이 롤스의 《정의론》이 남긴 유산은 그 실질적인 내용이나 방법론적 접근 모두에 있어서 국내적 정의는 물론 국제적 정의 문제를 풀어가는 데 소중한 자산임에 틀림없다. 특히 우리의 경우 통일 한국의 정치적 이념을 구상함에 있어 계약론적 접근에 기반을 둔 자유주의적 평등의 이념은 매우 중대한 참조 기반이 될 것이라 여겨진다.

찾아보기

존 롤스 정의론

2018년 7월 27일 1쇄 발행 | 2024년 7월 31일 16쇄 발행

지은이 황경식
펴낸이 이원주, 최세현 **경영고문** 박시형

기획개발실 강소라, 김유경, 강동욱, 박인애, 류지혜, 이채은, 조아라, 최연서, 고정용, 박현조
마케팅실 양근모, 권금숙, 양봉호, 이도경 **온라인홍보팀** 신하은, 현나래, 최혜빈
디자인실 진미나, 윤민지, 정은예 **디지털콘텐츠팀** 최은정 **해외기획팀** 우정민, 배혜림
경영지원실 홍성택, 강신우, 이윤재, 김현우 **제작팀** 이진영
펴낸곳 (주)쌤앤파커스 **출판신고** 2006년 9월 25일 제406-2006-000210호
주소 서울시 마포구 월드컵북로 396 누리꿈스퀘어 비즈니스타워 18층
전화 02-6712-9800 **팩스** 02-6712-9810 **이메일** info@smpk.kr

ⓒ 황경식(저작권자와 맺은 특약에 따라 검인을 생략합니다)
ISBN 978-89-6570-654-0(04080)
ISBN 978-89-6570-652-6(세트)

쌤앤파커스(Sam&Parkers)는 독자 여러분의 책에 관한 아이디어와 원고 투고를 설레는 마음으로 기다리고 있습니다. 책으로 엮기를 원하는 아이디어가 있으신 분은 이메일 book@smpk.kr로 간단한 개요와 취지, 연락처 등을 보내주세요. 머뭇거리지 말고 문을 두드리세요. 길이 열립니다.